Y tus emociones... ¿qué dicen?

Aprende a manejarlas

Liz Basañez

EDITORIAL
PAX
MÉXICO

EL LIBRO MUERE CUANDO LO FOTOCOPIAN

Amigo lector:

La obra que usted tiene en sus manos es muy valiosa, pues el autor vertió en ella conocimientos, experiencia y años de trabajo. El editor ha procurado dar una presentación digna de su contenido y pone su empeño y recursos para difundirla ampliamente, por medio de su red de comercialización.

Cuando usted fotocopia este libro, o adquiere una copia pirata, el autor y el editor dejan de percibir lo que les permite recuperar la inversión que han realizado, y ello fomenta el desaliento de la creación de nuevas obras.

La reproducción no autorizada de obras protegidas por el derecho de autor, además de ser un delito, daña la creatividad y limita la difusión de la cultura.

Si usted necesita un ejemplar del libro y no le es posible conseguirlo, le rogamos hacérnoslo saber. No dude en comunicarse con nosotros.

EDITORIAL PAX MÉXICO

COORDINACIÓN EDITORIAL: Matilde Schoenfeld
PORTADA: Lourdes Ortiz Zamudio
FOTOGRAFÍA DE PORTADA: Lise Gagne

© 2008 Editorial Pax México, Librería Carlos Cesarman, S.A.
Av. Cuauhtémoc 1430
Col. Santa Cruz Atoyac
México D.F. 03310
Teléfono: 5605 7677
Fax: 5605 7600
editorialpax@editorialpax.com
www.editorialpax.com

Primera edición
ISBN 978-968-860-905-7
Reservados todos los derechos
Impreso en México / *Printed in Mexico*

A Elías

Aun en el sillón de los acusados es interesante oír hablar de nosotros mismos.

Albert Camus

Índice

v

Prólogo

Las emociones tienen una función muy específica en nosotros: ayudar a adaptarnos al mundo en que vivimos.

¿Tiene algo de "bueno" enojarse, entristecerse o preocuparse? Por supuesto que sí. Cada una de estas emociones nos mueve para solucionar algún problema o dificultad que estemos viviendo, de ahí que sean favorables. Aunque no las deseamos porque no son placenteras, si no fuera por ellas tendríamos más problemas al final de la situación. Observa si alguien ha estado molestándote (por ejemplo, alguien con quien convives todos los días pasa frente a ti y te pisa o golpea sin importarle que te lastime o incomode). La emoción apropiada ante una transgresión hacia nuestra persona (o alguna propiedad o ser querido) es molestarnos, el disgusto, el enojo. Al enojarnos, nos activamos para poner un límite. Por ejemplo, decirle a esa persona que, por favor, tenga más cuidado, que no nos pise o golpee. Si no te molesta, enoja o disgusta esa situación de provocación o agresión, esa persona (o muchas más) va a continuar pisándote o golpeándote. Esto no es ni favorable ni sano.

Cuando experimentamos una pérdida (por ejemplo, la muerte de un ser querido), lo sano es que nos sintamos tristes y, por ende, que tengamos menos energía y motivación para hacer cosas que comúnmente realizamos. Esta respuesta (activación específica) emite un mensaje a quienes nos rodean: "Me siento mal: no tengo la fuerza ni energía para festejar; ayúdame y entiéndeme, por favor". Generalmente, las personas a nuestro alrededor suelen responder ante estas señales y todo ello nos ayuda a procesar el duelo de dicha pérdida.

Experimentar preocupación no es muy placentero, ni agradable. Sin embargo, también es necesario (y mucho). Porque imagínate que vas caminando por la noche en un lugar con poca iluminación o peligroso. El hecho de preocuparte te activa a estar volteando alrededor, a estar alerta si alguien sospechoso se acerca. Es bien sabido que las personas que están alertas y cuidándose de esta forma sufren menos asaltos que aquellas que caminan despreocupados y sin cuidado alguno. Esto es tanto adaptativo como sano. Es más, hace muchos años, el hombre primitivo tuvo que haber vivido bajo preocupación constante para no ser aplastado o comido por algún animal. Gracias a esta preocupación la especie pudo evolucionar hasta nuestros días.

Ahora bien, una pregunta importante: ¿Cuándo se vuelven negativas? ¿Por qué son negativas algunas emociones?

Lo son cuando perdemos el control de las mismas, ya sea por su intensidad, magnitud o su frecuencia, es decir, cuando se vuelven innecesariamente prolongadas y activan nuestro cuerpo en exceso, generándonos un gran desgaste de energía y creando niveles de estrés disfuncional. La emoción termina por controlarnos y no nosotros a ella (puede suceder con la preocupación, la tristeza o el enojo). Cuando la emoción irracional se encuentra activada y nos controla, nuestro pensamiento lógico y el uso de la inteligencia se altera; ya no podemos concentrarnos ni memorizar o recordar información de forma fácil y accesible, al contrario, nos volvemos torpes porque no podemos "pensar" en respuestas correctas y reaccionamos erráticamente o de forma emocional o impulsiva (sin analizar la situación, nuestra respuesta y sus consecuencias).

En el caso del ejemplo de que alguien te ha estado molestando (frecuentemente pasa frente a ti y te pisa o golpea), dijimos que la emoción sana es que te moleste o enoje y así te actives para ponerle un límite. Ahora imagina que no sólo no te enojas sino que experimentas una ira intensa e incontrolable que activa en extremo tu cuerpo (comienzas a respirar rápidamente, tu corazón late tan aprisa que parece que se te va a salir, tensas tus músculos –principalmente de mandíbula y manos– sientes calor en tu cara y manos). En lugar de pensar de forma clara y racional para ponerle un límite, te sientes extremadamente enojado, iracundo, con rabia y te acercas a esa persona gritándole e insultándole y lo avientas y golpeas. Por supuesto que esta emoción es irracional y disfuncional. No corresponde la respuesta emocional con el estímulo o situación que viviste y te va a generar más conflictos de los que ya tenías. La molestia o enojo son apropiados; la ira y la rabia no lo son.

En el caso del fallecimiento de un ser querido es apropiado sentir tristeza: tener menos motivación y energía para trabajar, pero sin dejar de tener la suficiente para hacerlo y para realizar las responsabilidades diarias. No tener ganas de salir a bailar o ir de fiesta, pero sí cumplir con lo que el día a día nos exige. Pero si esa persona, por el contrario, experimenta depresión, es decir, esa energía y desmotivación es tan intensa que no quiere levantarse; le impide trabajar de forma adecuada y falta frecuentemente a su trabajo; o bien, se la pasa quejándose con todos y todo el tiempo de tal manera que termina cansándolos, entonces estamos hablando de una emoción irracional y disfuncional.

Podemos resumir las características de las emociones sanas o racionales (sean positivas como la alegría, el amor o la tranquilidad, o negativas, como la molestia, la tristeza o preocupación), que son objetivas (corresponden a los estímulos de la realidad), son de breve duración y de intensidad necesaria para la activación, pero que no implican desgaste mayor de energía. Ni tampoco interfieren con el uso de la inteligencia. Las controlamos a voluntad (nosotros a ellas, no ellas a nosotros), son claras y explicables y son adaptativas: nos mueven a la actuación adecuada, pero no nos generan conflictos innecesarios.

Todas, absolutamente todas las personas estamos programadas psicobiológicamente a experimentar emociones tanto positivas como negativas. Pero ¿en qué nos diferenciamos, emocionalmente hablando, del resto de los animales?

Para responder esa pregunta, los científicos han concluido que el ser humano posee seis características emocionales intrínsecas y exclusivas al ser humano:

1. No nacemos con respuestas perceptivo-emotivas instintivas: el hombre aprende a dar una evaluación positiva o negativa a los estímulos.

2. Sólo él, al reconocer las respuestas emotivas las asocia con el estímulo y así las evalúa (positiva o negativamente).

3. Puede no presentar el patrón de respuesta conductual consecuente con la emoción y así ahorra su acción fisiológica y no propicia una respuesta total desadaptativa. Por ejemplo, si necesita "verse" enojado ante otra persona y para ello, lo puede actuar, sin sentirlo realmente ni desgastarse fisiológicamente.

4. El ser humano puede discriminar entre una respuesta emotiva y otra, poniéndoles nombre a las diferentes medidas de grado de sus emociones.

5. Las personas logramos evocar o anticipar a través del pensamiento y crear toda la respuesta emotiva sin la presencia del estímulo.

6. Logramos reunir un conjunto de reacciones emotivas en una sola reacción y crear así respuestas de mayor complejidad cognitivo-fisiológica llamadas sentimientos.

Este libro explica desde la psicología cognitivo-conductual la relación que existe entre la forma de pensar y su consecuencia emocional. Encontrarás la explicación de emociones como la tristeza y su cara irracional: la depresión; la ira y respuestas emocionales que todos y cada uno de nosotros experimenta, aunque a veces no nos guste, como los celos y la envidia. Tendrás un viaje maravilloso en explicaciones de cómo sentimos y pensamos todos, no sólo tú o yo.

Agradecimientos

Con mi más profundo y sincero agradecimiento a Josefina Sánchez, pues sin su apoyo, solidaridad y revisión al manuscrito, éste aún no estaría listo.

A Silvia Villa, Enrique Delgado, Óscar y Luis Enrique Delgado Villa y Paloma Dávila, por enseñarme la incondicionalidad del amor y la amistad.

A Raquel Chayo-Dichi, porque sus consejos siempre amorosos me han dado el apoyo que he necesitado en momentos importantes.

A Félix Velasco, con infinita gratitud por ayudarme a espantar a los monstruos que me atormentan.

A Andrés Roemer y al doctor Giuseppe Amara, por sus consejos y apoyo para que este libro sea hoy una realidad.

A Fernanda Familiar, Javier Alatorre, Paco Zea y Pedro Ferriz de Con por su respaldo.

Por supuesto, a todos y cada uno de mis pacientes, porque sin ellos, hoy no sería quien soy. Gracias por su confianza y por seguir mis tareas y procesos terapéuticos que, sin lugar a duda, me han enseñado mucho de la psicología y de la vida misma.

Con firme gratitud para Editorial Pax México, por su confianza y el cuidado que su equipo imprimió en este proyecto, a Cristina Harari y en particular a Matilde Schoenfeld, con quien desde el inicio tuvimos un "click" indescriptible.

Y definitivamente, a quien me hace secretar endorfinas, encefalinas, oxitocina, dopamina, adrenalina y me enseña día con día que se puede crecer con amor y en pareja, a Elias Micha.

LIZ BASAÑEZ

Hablar de la conducta humana es hablar del ser humano, del hombre, de la mujer y de la sociedad misma: es hablar de todos nosotros.

Nadie nos explica sobre ella, pero todos sabemos de qué se trata, nos es familiar porque todos la vivimos. Desde pequeños vamos aprendiendo por observar en casa, en la escuela y en el ambiente en el que nos desarrollamos cuáles conductas son aceptadas y por qué conductas recibimos castigo si las llevamos a cabo. Como dice Gustave Flauvert: "La humanidad es como es. No se trata de cambiarla, sino de conocerla".

Y precisamente es lo que haremos en este libro: conocer y entender más sobre los demás y sobre nosotros mismos, así como compartir y divulgar información sobre las diferentes áreas, de igual importancia, que incluyen al ser humano: *biológica, psicológica, social y espiritual.*

Para poder explicar nuestra conducta necesitamos tomar en cuenta la influencia de todas las áreas que nos conforman. Por ejemplo, en el área *biológica*, desde nuestra carga genética, las neuronas y nuestro cuerpo mismo. En el área *psicológica* contamos con pensamientos, emociones y conductas que nos hacen ser únicos e indivisibles. Además, *socialmente* tenemos una historia de vida que nos ha dirigido (hasta el día de hoy) para comportarnos como lo hemos hecho.

En ese sentido es muy importante la influencia de la familia en la que crecimos, el entorno escolar, la colonia, la ciudad, el país, en fin, la sociedad en la que convivimos. Y, sin pretender entrar en ninguna religión, validamos la necesidad del ser humano por relacionarse con un ser supremo, un ser superior o Dios que desde los inicios de la humanidad siempre ha existido. No buscamos intervenir en las creencias religiosas ni influir en este sentido a nadie, sino integrar y respetar a todos y cada uno de nosotros.

> El ser humano no vive sólo de pan.
> Necesitamos amor y cuidados, y encontrar una respuesta a quiénes somos y por qué vivimos.
>
> JOSTEIN GAARDER

Capítulo 1

Pensamientos, emociones y conductas

Como pensamos, sentimos: ¿qué nos decimos para sentirnos mal?

Epícteto decía: "No son las cosas las que nos hacen sentir mal, sino la forma como las interpretamos".

Todo el tiempo nos estamos hablando, como en una autocharla. Metafóricamente es similar a las caricaturas donde aparece "un diablito" y "un angelito" en cada lado de la persona. El diablito o "monstruo", como yo lo llamo, es esta voz interna auto-destructiva, irracional, que nos lleva a sentirnos de forma inadecuada. Y el angelito es esa voz racional y por lo general más débil que nos lleva a sentir y, por ende, a actuar de forma más sana.

Quizá puedas darte cuenta con mayor facilidad si imaginas que "metes un micrófono" a tu cabeza y escuchas lo que te dices.

No siempre es fácil al inicio, pero con un poco de práctica te vas a dar cuenta de que existe una relación entre cómo te sientes y en qué has estado pensando o recordando.

Todos cometemos errores de pensamiento... todas las personas lo hacemos de forma automática: tú, yo, todos. El reto es aprender a detectarlo; como dice Maquiavelo: "Cuanto mejor conoces a tu enemigo tienes más fuerza para vencerlo". Y es verdad. Fíjate, hay personas que se dicen: "Yo estoy segura que tarde o temprano él me abandonará".

¿Cómo puede sentirse alguien que "sabe" que lo abandonarán? ¿Tranquilo? ¿Contento? Por supuesto que no.

Pero lo más interesante de todo es que al pensar así, **aún no sucede** el evento y ya estamos sufriendo por él. Porque estamos **adivinando el futuro**; esto es un error de pensamiento. Porque en realidad no podemos saber si ello va a suceder o no. Es más, tenemos más probabilidad de que suceda porque por estar preocupados en ello vamos a dejar de poner atención en la interacción con esa persona y podemos provocar "profecías auto-cumplidoras". Es decir, que termine sucediendo lo que tanto hemos querido evitar.

De tal forma, si tú sabes que estás pensando de forma inadecuada, de forma irracional, vas a poder detectarlo y atacarlo, como dice Maquiavelo. Así que te compartimos algunos ejemplos de errores de pensamiento, pero también alternativas de pensamiento adecuado o racional.

Error de pensamiento *Irracional* (Monstruo)	Pensamiento alternativo *Racional* (Angelito)
"Si no saco este proyecto soy un fracaso." (Pensamiento dicotómico.)	"Voy a luchar por sacar este proyecto lo mejor que pueda, pero estoy decidido a no perder mi tranquilidad ni mi autoestima; si no lo logro, no soy fracasado por eso."
❖	❖
"Ahora que comenté eso, seguro estará pensando que soy un inútil." (Lectura de pensamiento.)	"¿Cómo puedo saber lo que está pensando? No puedo saberlo y en el peor de los casos, si pensara negativamente de mí, no puedo hacer nada y me guste o no, tiene todo el derecho a pensarlo."
❖	❖
"Si me ve así, seguro sabrá que me fue mal en el trabajo y entonces me va a consentir; si no, quiere decir que no le importo." (Lectura de pensamiento.)	"Me fue mal en el trabajo y me gustaría que me consintiera, mejor se lo digo porque quizá no se percata; si no se da cuenta, no significaría que no le importo, sino que es despistado."

Error de pensamiento *Irracional* Monstruo	Pensamiento alternativo *Racional* Angelito
"¿Por qué a mí... por qué esto?" "¿Hasta cuándo la vida me va a dar lo que merezco?" *(Pregunta retórica)* 	"Siempre me pregunto que por qué a mí cuando me va mal y no cuando me va bien... a final de cuentas, no hay respuesta; la vida es como es, me guste o no y si me atormento me va a ser (mucho) más difícil."
"Sería terrible que reprobara este examen." *(Catastrofización)*	"Seguro me va a ser muy molesto, muy desagradable, muy difícil de tolerar si repruebo este examen, pero también estoy seguro que no es lo peor que me puede pasar y aunque me cueste trabajo lo voy a superar."

No son las situaciones las que nos hacen sentir mal, sino la forma como las interpretamos... te invitamos a que comiences a analizar de qué forma estás pensando tú.

> Una situación se convierte en desesperada cuando empiezas a pensar que es desesperada.
>
> WILLY BRANDT

> El pensamiento es la semilla de la acción.
>
> RALPH WALDO EMERSON

> No existe nada bueno ni malo; es el pensamiento humano el que lo hace aparecer así.
>
> WILLIAM SHAKESPEARE

Es muy frecuente escuchar que alguien se siente muy enojado o muy angustiado y que no sabe porqué.

En el funcionamiento humano existen tres aspectos psicológicos principales: *pensamientos, sentimientos* y *conductas*. Estos tres aspectos están interrelacionados de modo que los cambios en uno producen cambios en otro. Si cambiamos el modo en que pensamos acerca de las cosas, el mundo o nosotros mismos, sentiremos de modo diferente y nos comportaremos también de otra manera. Esto es un hecho comprobado y universal.

Ejemplo: Si después de haber fracasado en una tarea o proyecto pienso: "Soy un inútil que no hace nada bien; no vale la pena ni volverlo a intentar", sucederá que lo que voy a *sentir* y cómo voy a *actuar* va a ser muy diferente que si pienso: "Bueno, he fracasado en esto, pero eso no me convierte en un inútil, sólo en un ser humano que comete errores, como todos los demás; veré lo que puedo hacer para arreglarlo".

Podemos definir una *emoción* como una reacción en todo nuestro organismo, con componentes fisiológicos (latir del corazón, respiración acelerada, entre otros), componentes mentales (forma de pensar) y componentes conductuales (comerme las uñas, azotar la puerta, llorar, por ejemplo).

Las emociones tienen la particularidad de que se presentan en todos los integrantes de la especie y son innatas, universales y transculturales.

¿Cómo me hablo o pienso para sentirme enojado, angustiado o triste?

La respuesta la podemos resumir en el siguiente cuadro:

¿Qué me digo?	¿Qué siento? (Emoción)	¿Qué siento? (Fisiológicamente. Algunos síntomas)	¿Qué hago? (Depende de cada quién... sólo son ejemplos)
Futurizar catastróficamente ✿ "y si..." ✿ "qué tal que..." ✿ "no vaya a ser que..."	▦ Ansiedad	✿ Taquicardia (corazón acelerado) ✿ Sudoración ✿ Respiración rápida y difícil ✿ Tensión muscular ✿ Boca seca ✿ Las manos y pies se ponen fríos	* Me como las uñas * Muevo la pierna * Camino de un lado a otro * Como más * Fumo más
Demandar (a mí mismo, al mundo, o a los demás) ✿ "Debería de..." ✿ "Tendría que..." ✿ "Hubiera..."	▦ Enojo	✿ Aprieto mandíbula y manos ✿ Siento mi cara y manos calientes ✿ Tensión muscular ✿ Respiración agitada	* Levanto la voz * Azoto puerta * Hago movimientos bruscos
Pienso en términos de: ✿ Devaluación ✿ Minusvalía ✿ Desesperanza	▦ Tristeza	✿ Siento menos energía ✿ Sueño ✿ Letargo ✿ Desmotivación	* Me quedo callado * Lloro * Me encorvo (jorobarme)

¿Existen emociones positivas y negativas?

▣ Sí. Aunque también puede haber emociones positivas, pero irracionales; así como negativas, pero racionales.

▣ Dicho de una forma más sencilla: es *racional* sentirme triste (emoción *negativa*) ante una pérdida y que me sienta "a la baja" en lo que me recupero.

▣ Pero es *irracional* sentirme **deprimido** (emoción *negativa*) ante la misma pérdida y, por ende, no levantarme de la cama, no cambiarme de ropa en varios días, dejar de comer.

▣ Es *racional* sentirme **enamorado** (emoción *positiva*) y tratar de estar cerca de la persona a quien quiero y procurar que esté bien y disfrute estar conmigo.

▣ Pero es *irracional* sentirme **apasionado** (emoción *positiva*), y entonces estar obsesionado con esa persona, no dejar de pensar en él/ella, sólo querer estar con él/ella (lo pueda hartar o desesperar) y que me importe más eso que otras actividades en mi vida.

▣ En el siguiente cuadro podrás comparar cómo una misma emoción se puede presentar de forma tanto racional como irracional, ya sea para las emociones positivas como para las negativas.

Positiva racional Es esperada y sana	Positiva irracional Nos genera sufrimiento y dificultad
❂ Alegría ❂ Tranquilidad ❂ Afecto/amor	▣ Euforia ▣ Apatía ▣ Pasión

Negativa racional Es esperada y sana	Negativa irracional Nos genera sufrimiento y dificultad
❂ Tristeza ❂ Temor/miedo ❂ Preocupación ❂ Molestia/enojo	▣ Depresión ▣ Pánico ▣ Angustia ▣ Ira o furia

¿Cómo puedo identificar una emoción irracional?

* Muy sencillo: las *emociones irracionales* son (innecesaria-mente) intensas y prolongadas por lo que nos desgastan.
* Interfieren con nuestra inteligencia, es decir, no recorda-mos ni memorizamos ni nos concentramos igual que cuan-do no estamos en esa emoción.
* No las controlamos a voluntad, más bien la emoción nos controla a nosotros.
* Son confusas.

Cuando alguien dice: "me siento mal por tu culpa", ¿tiene o no razón?

Para sorpresa de muchas personas la respuesta es no. Porque si "no son las situaciones las que nos agobian sino la forma como las interpretamos", si alguien se siente mal no es por lo que le hicimos, sino por cómo esa persona lo interpretó. Así que, a final de cuen-tas, nadie tiene el poder de hacerme sentir mal si yo no se lo doy.

> Al principio todos los pensamientos pertenecen al amor.
> Después, todo el amor pertenece a los pensamientos.
>
> ALBERT EINSTEIN

> El lenguaje es el vestido de los pensamientos.
>
> SAMUEL JOHNSON

> El pensamiento es la única cosa del Universo de la que no se puede negar su existencia: negar es pensar.
>
> JOSÉ ORTEGA Y GASSET

Ira e impulsividad: cuando nos enojamos y actuamos sin pensar

El ser humano no puede existir sin emociones; a pesar de que éstas son consecuencia del tipo de pensamiento que tiene, y nos ayudan a adaptarnos al mundo. Por ejemplo:

* El miedo nos ayuda a huir o a protegernos del peligro.

* Al hombre primitivo el miedo le ayudó a sobrevivir de animales que podían matarlo, ya fuera atacándolos o escapando de ellos cuando escuchaba o veía algo amenazador. En este sentido, la raza humana logró evolucionar sin perecer por causa de sus predadores.

* Actualmente, el miedo nos ayuda a estar alertas cuando algo o alguien puede dañarnos; cuando caminamos por un lugar inseguro, gracias al miedo, podemos estar prevenidos en caso de que algo nos amenace.

* El miedo es un mensajero que nos indica que necesitamos cuidarnos o defendernos para salvaguardar nuestra seguridad y estabilidad.

¿Cuál es la función del enojo en nuestra vida?

▣ El enojo es otro mensajero que nos dice que necesitamos poner límites ante abusos o agresiones. Nos ayuda a triunfar sobre enemigos. Nos ayuda a sobrevivir.

▣ El enojo es una respuesta natural que prepara a nuestro cuerpo y mente para la acción cuando evaluamos que algo nos agrede o pasa por encima de nuestros derechos.

▣ La indignación generada ante el enojo es un motor necesario para luchar contra situaciones que evaluamos como injustas. Por eso, también se puede presentar como ira social, pues al fallar el sistema judicial, la sociedad comienza a vivir la necesidad de hacer justicia, de buscar un equilibrio ante abusos de autoridad, poder e impunidad.

¿Qué cambios físicos me provoca enojarme?

❖ El enojo tiene una *expresión facial característica*: fruncir ceño, tensar músculos: manos, cara, hombros... enrojecimiento facial, movimientos firmes.

❖ Más tensión muscular, especialmente en los brazos, por eso tendemos a cerrar los puños.

❖ Sensación de calor y enrojecimiento de la cara porque los vasos sanguíneos periféricos se dilatan.

❖ Respiramos más rápidamente, el corazón se nos acelera.

❖ Bombeamos más sangre –tenemos más oxígeno en la sangre–, la presión sanguínea nos incrementa.

El enojo es favorable y desfavorable

En primera instancia, el enojo es favorable, nos ayuda a adaptarnos y no podemos escapar de él; todos los seres humanos lo sentimos desde pequeños para defendernos así que negarlo, ocultarlo o intentar evitarlo sólo nos va a generar problemas. El reto es saber manejarlo, que le demos una intensidad adecuada para expresarlo. Podemos experimentar diversos grados de enojo, desde una molestia ligera hasta una ira que puede llegar a ser descontrolada. Así que si el enojo que sientes comienza a ser muy intenso y/o frecuente, además de incontrolable (ira), entonces sí es desfavorable. Y es peor aún si, además, eres impulsivo(a).

El problema surge cuando la ira no es nada más una reacción, sino una forma de vida. Cuando la persona cree que si no se enoja no va a lograr lo que busca (que los otros le hagan caso, que lo atiendan, etcétera). Y resulta ser muy molesto para los que lo rodean estar con alguien que se enoja de todo y es muy desgastante ser alguien que se enoja todo el tiempo.

El enojo se vuelve negativo cuando es demasiado *frecuente*, *prolongado* o *inoportuno* y *desproporcionado*. Las personas que suelen enojarse como hábito suelen tener dos características: *1)* Piensan que el enojo es el mecanismo de acción para eliminar los estímulos dolorosos (cualquiera que sea su origen: dolor físico, pérdida, problemas, demandas de responsabilidades o exceso de trabajo, etcétera); *2)* No pueden manejar su frustración: que alguien les diga que no cuando esperaban un si, o bien, que consideren que alguien es "culpable" o no "debería" haber hecho algo. Recordemos que no son las situaciones las que nos agobian, sino la forma cómo las interpretamos. De tal forma, la persona puede estar enojada por un hecho que considera inadecuado o frustrante cuando en realidad no lo es y así lo está interpretando.

El **enojo** es la emoción, la **agresividad** es la conducta asociada y lleva una intención para detener una situación con la que no estamos de acuerdo o nos molesta.

Sin embargo, la misma persona no suele expresar su agresividad de la misma forma ante una persona evidentemente "más débil" que ante una "más fuerte" que ella. Las mujeres tienden a expresar su ira de forma más verbal y los hombres de forma más física. Por otra parte, no expresamos de la misma manera la agresividad en todas las regiones; por ejemplo, en México y Japón solemos usar diferentes códigos generales para expresarla, tanto entre hombre y mujeres como sociedades entre sí.

¿Qué consecuencias negativas me provoca la ira?

Problemas físicos. Uno de los más frecuentes son los problemas cardíacos. Hay diversos estudios que demuestran cómo la ira suele ir acompañada de *problemas cardiovasculares.* Porque al aumentar la presión sanguínea se incrementa la fuerza con la que fluye la sangre por nuestras arterias y esto debilita y daña el revestimiento de las arterias, produciendo cicatrices o agujeros. Después, los ácidos grasos y la glucosa, entre otros elementos de la sangre se pegan a las paredes dañadas en las arterias. Con todo lo anterior se van obstruyendo y disminuye el flujo sanguíneo general, provocando frecuentemente *arteroesclerosis*. Si esto sucede en el corazón se está más propenso a sufrir enfermedades coronarias como isquemia de miocardio o infartos.

Problemas personales. Como sentirte *avergonzado, culpable,* o *deprimido* por haber actuado con ira e impulsivamente. También puede provocar que te sientas *obsesionado* con lo que te hicieron, lo que no te gustó o cómo reaccionaste.

Problemas con los demás. En el momento sentimos que "necesitamos" reaccionar o expresar toda esa rabia que sentimos, pero en realidad no solucionamos nada, y lo peor es que *tendemos a empeorar tanto la situación como la relación con los demás.*

Algo muy importante que debemos entender es que la ira hace a la persona predecible y, por lo tanto, manipulable. Quizás puedes pensar al leer hasta aquí: "Pero me funciona: al enojarme me tienen miedo y ya no se meten conmigo o me obedecen". Y, ¿sabes?, seguramente tienes razón, por lo menos de inicio. Pero con el tiempo, la persona "enojona" se vuelve *predecible*: "Ya sé que siempre se enoja por esto o por aquello", y por lo tanto, *manipulable*: "Si la quiero hacer enojar es muy fácil, ya se perfectamente qué le molesta y eso es lo que hago... después sólo veo como pierde el control". ¿Te gustaría que así te vieran los demás? ¿Te haría sentir orgulloso de ti mismo? Sólo piensa si alguien está enojado o frustrado con algo y sólo busca quién se la pague, no quién se la deba, se vuelve un blanco perfecto: es predecible y manipulable.

Todos hemos llegado a cometer algún acto de ira o impulsividad por enojo, sin embargo, socialmente valoramos más a las personas ecuánimes que a las atrabancadas, ya que la impulsividad suele asustar, molestar o desorientar.

Frecuentemente reaccionar impulsivamente surge por detalles sin importancia o contra alguien que no tiene nada que ver con

Cuando me enojo

No hacer	Sí hacer
❀ Decir lo primero que me viene a la cabeza. ◙ Seguramente será *impulsivo* y te ocasionará conflictos innecesarios. ❀ Decirle a la otra persona lo que no te gustó pero: ◙ *Criticándolo.* ◙ *Responsabilizándolo* por lo que sientes: "Por tu culpa me puse a llorar." * ◙ *Etiquetándolo* diciéndole cosas como: "Eres un abusivo", "eres una exagerada."	❀ Reconocer mis emociones y expresarlas clara y directamente. ◙ Para evitar hacerlo impulsivamente *respira profundamente* antes de hacerlo. ❀ *Tienes derecho* a decirle a la otra persona lo que piensas y sientes, pero *con respeto*: ◙ "Me siento molesto, no me gustó lo que me dijiste." ❀ Hazlo hablando en *primera persona.* ❀ No acuses innecesariamente. ❀ No reproches. ◙ Al reprochar provocamos que el otro se "atrinchere" y no nos escuche... y eso **no** es lo que pretendemos al reprochar, ¿o sí? ❀ No busques culpables sin asumir tu responsabilidad, pues suele haber dos responsables en un conflicto. ❀ Mejor *pon límites.*
❀ Estar centrado *sólo* en mis emociones.	❀ Reconocer las emociones del otro. ◙ "Si está tan enojado seguro es por algo que le importa mucho". ◙ "¿Cómo me sentiría yo con esto?"
❀ Guardarme el enojo, "desahogarme" más tarde. ◙ El enojo no desaparece simplemente guardándotelo; puede salir hacia otras personas que no tengan que ver o de forma "pasivo-agresiva".	❀ Expresar mis emociones teniendo en cuenta el contexto. ◙ Recuerda expresar tu enojo poniendo límites con respeto.

*Nadie tiene el poder de hacerme sentir mal si yo no se lo doy pues no son las cosas las que nos agobian sino la forma como las interpretamos.

la situación de enojo. Así como no solemos ver bien dejarse aplastar, tampoco lo está aplastar a otros.

RECUERDA: **agresión genera agresión.** Cuando nos sentimos agredidos tendemos a no escuchar y a invalidar a quien nos agrede, incluso también solemos agredirlo.

Si tú te sientes así cuando te atacan, seguro también el otro se sentirá así cuando tú lo agredas.

Consecuencias de guardarse el enojo o desahogarse intensamente

- La cólera incrementa la cólera. Si te la pasas pensando o recordando situaciones que te molestan esto sólo intensificará tu cólera. No te lleves a vivir enojado todo el tiempo... por ti y por los que te rodean.
- Tu emoción va a incrementarse cada vez más y
- Tu salud se va a afectar. Todo a consecuencia de que se incrementa la respuesta fisiológica de tu cuerpo y existe desgaste físico y bioquímico. Lo peor de todo es que la persona "se acostumbra" a funcionar así.
- Tu relación con los demás se va a deteriorar.

Expresar tu enojo puede ayudarte siempre y cuando

- * Lo dirijas hacia la persona responsable.
- * No respondas con más enojo o agresión, porque esto te va a llevar a una escalada emocional negativa causándote conflictos innecesarios.
- * Busques una mejora o solución del conflicto con *excusas* o *negociaciones.*
- * No busques "desquitar" con alguien ni "guardar" el enojo.

¿Es del todo malo el enojo?

- Definitivamente no.
- Nos ayuda a poner límites.

◙ La respuesta conductual (levantar la voz, movimientos firmes...) *intimida al "oponente" y puede evitar una pelea.*

RECUERDA: enojarte de forma habitual es negativo... ¡y mucho!

¿Cómo vive una persona que "se enoja hasta porque voló la mosca"? ¿Qué pasa dentro de su cabeza, psicológicamente hablando?

Imagínate a un corredor de velocidad que está en la línea de salida listísimo a salir disparado a dar todo de sí; su corazón tiene que bombear más sangre para que tense los músculos, su respiración tiene que ser rápida y corta con la parte superior del pecho (respiración torácica), necesita tensar manos y cara. Pues si no tiene este "armamento" físico no puede salir a toda velocidad para llegar como triunfador a la meta.

Ahora bien, a las personas "enojonas" les sucede lo mismo; digamos que en lugar de pista para correr y disparo presentan la siguiente comparación:

✱ Pista para correr	❖ Viven creyendo en los deberías: "Esto no debería haber sido así... debería haber pasado esta otra situación que yo esperaba".
	❖ Se manejan bajo culpabilizadores. Necesitan culpar (responsabilizar) a alguien, para descargar contra ese "alguien" su ira.
	❖ Tienen baja tolerancia a la frustración.
	❖ Mantienen su tensión a un nivel innecesariamente alto, listo para "explotar" (salir disparados) por situaciones que al ser tan frecuentes no lo merecen.
✱ Disparo	❖ Cualquier evento que vaya en contra de esas reglas (deberías, culpabilizadores, baja tolerancia a la frustración, etcétera).

No nos ponemos furiosos por culpa de las personas o cosas. Nos ponemos furiosos por la *forma como interpretamos* eso que sucede por las *creencias arraigadas con las que vivimos.*

¿Qué consecuencias negativas se presentan al ser "enojón"?

La persona se hace: predecible. Ya sé que haga lo que haga se va a enojar.

Por lo tanto: manipulable. Se va a enojar, qué flojera.

Efecto contrario... y se viven en un círculo vicioso, porque por un lado creen que enojándose van a tener el control, pero es todo lo contrario y entonces se enojan más y menos control tienen.

- ❂ Destruye sus relaciones con otros.
- ❂ Empeora las situaciones difíciles.
- ❂ Agresión genera agresión.
- ❂ Problemas físicos... principalmente cardíacos.
- ❂ Genera estrés.

Si es tan negativo ser "enojón hasta porque voló la mosca", ¿por qué siguen enojándose?

Por las falsas creencias que se compraron y *funcionan en automático* (como el sistema operativo de una computadora).

- ▣ Debería de... / Tendría que... / Hubiera...
- ▣ *Es terrible* que haya pasado...
- ▣ Para controlar mi enojo *debo expresarlo.*
- ▣ *Si quiero obtener algo, debo enojarme...* que los demás vean que estoy enojado porque así se van a asustar y me van a respetar.
- ▣ Los demás provocan mi enojo: *por tu culpa me siento así.*

¿Qué puedo decir si alguien está enojado a mi lado y me incomoda?

"Me siento muy molesto cuando salgo contigo y te comportas de esta forma."

"Hoy pareces bastante tensa o incómoda. La verdad te prefiero cuando no tienes tanta presión."

Situación	¿Qué puedo hacer si...?	
	Sí	No
▣ Si no deseo hacer algo	✿ Dar una respuesta con un **No** decidido.	✱ **No** adoptar una actitud defensiva ni de disculpa.
	✿ Hablar en un tono claro y firme.	✱ **No** andarnos "por las ramas".
▣ Si nos piden hacer algo que no nos parece razonable	✿ Dar una respuesta lo más rápida y breve posible.	✱ **No** hacer afirmaciones quejumbrosas, rudas o acusatorias.
	✿ Solicitar una explicación y escucharla atentamente.	✱ **No** atacar o criticar.
▣ Si quiero manifestar mi molestia o enojo	✿ En el momento oportuno: dar nuestras sugerencias y soluciones personales.	✱ **No** defendernos con justificaciones o una actitud defensiva.
	✿ Decir concretamente qué es lo que no nos gusta.	✱ **No** atacar ni insultar.
	✿ Hablar en primera persona.	✱ **No** dar a entender que merece un tipo de castigo.

Últimas recomendaciones

🔲 Aceptar nuestra responsabilidad ante el enojo.

🔲 Necesitamos cambiar nuestras creencias para cambiar nuestras emociones y nuestras conductas… en lugar de intentar cambiar a los otros o a las circunstancias.

🔲 Se necesita practicar, y mucho.

> Cuando te inunde una enorme alegría, no prometas nada a nadie. Cuando te domine un gran enojo, no contestes ninguna carta.
>
> PROVERBIO CHINO

> Una persona no es dominada por sus satisfacciones, sino por sus carencias.
>
> ABRAHAM MASLOW

> Si no quieres ser desgraciado trata a las catástrofes como a las molestias, pero de ninguna manera a las molestias como a las catástrofes.
>
> ANDRÉ MAUROIS

Capítulo 2

Estrés

Todos hablamos de estrés, pero ¿es siempre negativo?

El Estrés, a pesar de que lo tenemos asociado a algo negativo, realmente nos ayuda a vivir y a adaptarnos. Es un hecho cotidiano en nuestras vidas y no podemos evitarlo.

Normalmente lo asociamos a eventos desagradables, pero situaciones evaluadas como positivas o alegres también pueden producir estrés. Porque el estrés se presenta cuando necesitamos adaptarnos a nuevas situaciones, a cambios de circunstancias cotidianas. Si lo pudiéramos explicar con una metáfora, diríamos que se asemeja a unos resortes o a un sistema de ligas cuya misión es amortiguar la tensión de la vida: en ocasiones debe estar muy rígido porque el cambio o nueva situación que la vida nos presenta es muy dispar a la cotidianeidad que hemos estado viviendo.

En otras ocasiones, estas ligas o resortes están flácidos porque no hay mucho qué soportar en el diario vivir. Por ejemplo, una mujer que trabaja de lunes a viernes, y los fines de semana comparte tiempo con su familia y su novio, mantiene "sus ligas o resortes" con una rigidez moderada. Pero si tiene que planear su boda, porque en algunos meses se casa, comenzará a vivir mayor estrés porque además de trabajar de forma cotidiana de lunes a viernes necesitará realizar tantos preparativos que tendrá que ir más de prisa para llegar a las citas acordadas, que le van a limitar el tiempo de descanso y comunicación con su familia y su novio, incluyendo actividades de auto-gratificación como escuchar música relajadamente, o dormir el tiempo acostumbrado en fines de semana. Todo lo anterior le generaría estrés positivo, pero finalmente estrés. Pues de forma contraria, si no "tensara su sistema de ligas o resortes" no podría cubrir todos los requerimientos de esta nueva situación a enfrentar. El sistema de ligas o resortes se traduce en nuestro cuerpo en las sustancias bioquímicas que liberamos para que podamos estar más o menos, según el caso, tensos y activos para realizar lo necesario. Asimismo, el estilo de pensamiento que mantenemos ayuda o empeora el hecho de que ese estrés lo vivamos con mayor o menor desgaste.

Supongamos que la mujer que prepara su próxima boda tiene este estilo de pensar: "No voy a lograr hacer todo lo que tengo para hoy, va a ser un día pesadísimo… aún no comienza y ya quiero que sea el fin del día porque así ya voy a estar liberada… el colmo va a ser que me retrasen en alguna cita o no tengan el material que yo quiero, porque me van a complicar todo… va a estar muy difícil." En tal caso, ese nivel de estrés y de desgaste por el mismo acontecimiento va a ser mucho mayor que si tuviera este otro pensamiento: "Tengo muchas cosas para hoy; voy a poner todo lo que esté de mi parte, pero si alguien me retrasa en alguna cita o no tienen el material que estoy buscando no es el fin del mundo, puedo adaptarme a otra cosa y tener paciencia, finalmente es mi boda y la voy a disfrutar desde los preparativos hasta el final".

Ejemplos de estresores positivos y negativos:

Estresores positivos	Estresores negativos
❀ Mudanza a una casa mejor	▣ Problemas laborales
❀ Ascenso laboral o económico	▣ Problemas económicos
❀ Nacimiento de un bebé	▣ Tráfico, inseguridad

Estrés positivo *vs.* estrés negativo

De verdad, aunque suene extraño, el estrés es una respuesta de protección en los seres humanos. Pues para realizar cualquier actividad necesitamos activarnos y ésta depende de lo que estemos haciendo.

Cuando estamos bajo mucho estrés liberamos sustancias como adrenalina y corticoesteroides, la hormona del estrés se llama cortisol.

No es malo tener estrés, nos ayuda, lo que no es adecuado es que nuestros niveles de estrés salgan de nuestro control y entonces no podamos adaptarnos a la actividad que estamos realizando. Solemos tenerlo asociado con factores negativos porque si no sabemos controlarlo nos genera problemas físicos, emocionales y sociales.

¿Por qué se nos sale de control?

Por dos factores generales: el primero se debe a que los sucesos de vida son tan cruentos, devastadores e inesperados que en circunstancias generales es difícil la adaptación para cualquier persona en general. Vivir en un ambiente ruidoso y contaminado, bajo hacinamiento o aislamiento o ante desastres naturales puede llegar a contener estas características. También vivir con una enfermedad o lesión, los cambios propios de la edad (adolescencia, menopausia) o experiencias violentas como secuestros o violaciones, suelen ser eventos de gran estrés para las personas en general. No obstante, el segundo factor tiene mayor peso que éste, porque si la persona tiene un "andamio" interno fuerte para enfrentar eventos negativos, a pesar de lo que se le presente va a tener menores niveles de estrés.

Formas de reaccionar ante el estrés

Características psicológicas de la persona: los psicólogos han clasificado el tipo de comportamiento de las personas bajo diferentes criterios, algunos de ellos podemos mencionarlos en los siguientes estilos: *A, B, ansioso, perfeccionista* y *resiliente*. Los estilos de comportamiento tipo B y tipo resiliente suelen estar mejor preparados para enfrentar los eventos de vida estresantes.

Las personas con comportamiento tipo A suelen tener las siguientes características:

- ❖ Se fijan metas muy elevadas.
- ❖ Por lo general tienen una gran búsqueda de éxito en la mayoría de las áreas en su vida.
- ❖ Generalmente son controladoras.
- ❖ Son exigentes consigo mismo (algunas personas también con los demás).
- ❖ Les cuesta trabajo delegar.

El comportamiento tipo B se caracteriza por:

- ▣ Tener mayor aceptación de sí mismos y de los demás.
- ▣ Reconocer y aceptar más fácilmente sus fracasos y errores.
- ▣ No son demandantes.
- ▣ Buscan la negociación como primera instancia.
- ▣ Pueden desprenderse de responsabilidades con facilidad.
- ▣ Se toman su tiempo para analizar y entender qué sucede para darle mejor solución a los problemas.

El tipo de comportamiento ansioso suele:

❋ Anticipar catastróficamente los sucesos ("se preocupa por muchas cosas que a veces, ni suceden").

❋ Se mueve bajo la premisa de "todo es peligroso hasta que se demuestre lo contrario".

❋ Se mantiene "en guardia".

El comportamiento perfeccionista generalmente:

* Se rige bajo la convicción de que las cosas "deben" hacerse bajo sus reglas.

* Suele creer que sus reglas son las más eficientes y está convencido de que lo tiene comprobado.

* Se exige a sí mismo (y a los demás) para lograr la perfección, "pues es el criterio mínimo aceptado".

* Se plantea metas muy altas.

* Le suele costar mucho trabajo aceptar errores y fracasos, propios y ajenos.

* Postula que "si quieres que algo salga bien, debes hacerlo tú mismo", por lo que delegar es una tarea difícil para él.

El tipo resiliente suele caracterizarse por:

❋ Se rige bajo la creencia de que la vida es cambio y que lo que es funcional hoy quizás no lo sea mañana.

❋ Presenta mayor aceptación ante los cambios.

❋ Confía en sus capacidades y habilidades (bajo criterios sanos) porque afronta más fácilmente las demandas de la vida.

Creencias sobre si el control de las situaciones proviene del exterior o de la persona misma

Existen dos formas de percibir y controlar las circunstancias que rodean a las personas; los psicólogos suelen llamarle Locus de Control Interno a quienes todo lo atribuyen a su forma de pensar, de sentir y de reaccionar. Y Locus de Control Externo a quienes atribuyen lo que les sucede a factores ajenos a sí mismos, como la mala suerte, la voluntad o intención de los otros, el destino o la vida.

Las personas que tienen un Locus de Control Interno mayor al Externo cuentan con mayor preparación para afrontar los eventos estresantes de vida.

Estilo de vida de la persona

Nuevamente existen dos tipos de estilos de vida: el primero, y menos afortunado para afrontar el estrés, se caracteriza por la incapacidad para aceptarse a sí mismo, a los demás y a las circunstancias de la vida. Por tal razón, al tener que vivir cambios que requieren de adaptación y por ende de estrés se viven con caos interno y dolor emocional que repercute tanto física y emocional como socialmente en la persona.

El segundo tipo vive con mayor satisfacción la vida propia, a los demás y a la vida misma. Tienden a tener mayor equilibrio entre la realidad y sus necesidades.

Capacidad para afrontar las situaciones

Si la persona tiende a afrontar los eventos de vida de forma directa, activa y asumiendo responsabilidades va a tener mayor habilidad ante los momentos de vida con mayor estrés que las personas que tienden a evitarlas, evadirlas o afrontarlas de forma pasiva.

¿Físicamente cómo se manifiesta el estrés?

De una forma muy similar a la de la ansiedad pues al estar en mayor alerta nuestro cuerpo tiene que activarse, por lo que la persona puede sentir taquicardia o palpitaciones, su respiración será torácica (con la parte superior del tórax y no con el diafragma o la parte baja del abdomen, como sería ideal), hay mayor fatiga o agotamiento y el sistema inmunológico tiende a debilitarse; con todo esto, la persona puede enfermarse más frecuentemente.

También experimenta dolores de cabeza y disturbios estomacales (inflamación, estreñimiento, diarrea, dolores), alteración en el apetito (aumento o pérdida del mismo y por ende también de peso).

Si el estrés es sostenido no tarda en aparecer el insomnio inicial, es decir, le cuesta trabajo conciliar el sueño cuando se va a dormir. Por cierto, se presenta también mayor sudoración y tensión muscular.

Todo lo anterior va minando la salud, sobre todo si el estrés es prolongado. La persona comienza a presentar colitis, asma, contracturas musculares, uso y abuso de alcohol y sustancias adictivas, alergias, migraña, trastornos menstruales, úlceras pépticas, entre muchos problemas más.

Asimismo, la interacción con los demás (trabajo, familia, amigos, vecinos, etcétera) se hace más difícil porque la persona tiende a presentar mayor dificultad para tomar decisiones, presenta olvidos habituales, es más susceptible a las críticas, comienza a pensar más fácilmente en forma negativa de sí misma, tiende a tomar posturas más estrictas, su capacidad para desenvolverse en eventos públicos es más complicada, su interés sexual puede disminuir, su manejo del tiempo se hace ineficiente; asimismo, en caso de fumar puede incrementarse esta conducta, al igual que la ingesta de alcohol.

Escala de estrés

Holmes y Rahe en 1967 idearon una escala con 43 ítems. En ellos agruparon los acontecimientos vitales más estresantes en la vida de las personas y les otorgaron una puntuación que iba del 0 al 100, a lo que llamaron: eventos de vida. Holmes y Rahe describieron el estrés como una adaptación al cambio. A continuación te presentamos la escala de estrés que propusieron:

Número	Eventos de vida	Nivel de estrés
1	Muerte del cónyuge	100
2	Divorcio	73
3	Separación	65
4	Privación de la libertad	63
5	Muerte de un familiar próximo	63
6	Enfermedad o incapacidad, graves	53
7	Matrimonio	50
8	Perder el empleo	47
9	Reconciliación de la pareja	45
10	Jubilación	45
11	Enfermedad de un pariente cercano	44
12	Embarazo	40
13	Problemas sexuales	39
14	Llegada de un nuevo miembro a la familia	39
15	Cambios importantes en el trabajo	39
16	Cambios importantes a nivel económico	38
17	Muerte de un amigo íntimo	37
18	Cambiar de empleo	36
19	Discusiones con la pareja (cambio significativo)	35
20	Pedir una hipoteca de alto valor	31
21	Hacer efectivo un préstamo	30
22	Cambio de responsabilidades en el trabajo	29
23	Un hijo/a abandona el hogar, matrimonio, universidad	29
24	Problemas con la ley	29
25	Logros personales excepcionales	28
26	La pareja comienza o deja de trabajar	26
27	Se inicia o se termina el ciclo de escolarización	26
28	Cambios importantes en las condiciones de vida	25
29	Cambio en los hábitos personales	24
30	Problemas con el jefe	23
31	Cambio en el horario o condiciones de trabajo	20
32	Cambio de residencia	20
33	Cambio a una escuela nueva	20
34	Cambio en la forma o frecuencia de las diversiones	19
35	Cambio en la frecuencia de las actividades religiosas	19
36	Cambio en las actividades sociales	18

☞ continúa

☞ continuación

37	Pedir una hipoteca o préstamo menor	17
38	Cambios en los hábitos del sueño	16
39	Cambios en el número de reuniones familiares	15
40	Cambio en los hábitos alimentarios	15
41	Vacaciones	15
42	Navidades	12
43	Infracciones menores de la ley	11

Cuando el estrés agota: síndrome de *burn-out* o de "estar quemado"

El estrés nos activa para funcionar ya sea en el inicio de clases, para poder llegar a tiempo y cumplir con todas las tareas (tanto los padres como los hijos), así como para tareas más complejas como casarnos o adaptarnos a un nuevo o mejor empleo.

En ese sentido existe el *estrés positivo* (que nos ayuda a hacer lo que la vida nos demanda) y el negativo (que nos limita, nos enferma, nos "bloquea"). Las situaciones negativas nos provocan estrés negativo, pero cuando ya estamos bajo un desgaste por estrés, incluso las situaciones positivas nos lo provocan.

Es importante conocer qué situaciones suelen ocasionarnos estrés... ¡además del tráfico!

¿Qué pasa cuando nos mantenemos bajo niveles elevados de estrés o por tiempo prolongado?

Estudios del IMSS arrojan que más de 20 por ciento de los trabajadores en México sufren de *burn-out* o síndrome de estar quemado.[1]

---

[1] Referido por Joel Ortega, Jefe de Promoción de la Salud de los Trabajadores del IMSS, en: Rivero, A. (2004, 8 de Marzo), "Afecta el desgaste laboral", *Reforma*, pp. 1 A, 8 A.

Quizá hayas sentido (o estés sintiendo) que vives cansado todo el tiempo, pero a la vez no puedes dormir como quisieras, que padeces de insomnio. O que ya no te puedes concentrar igual que antes, se te olvidan las cosas y hasta te sientes desmotivado en el trabajo: probablemente estés sufriendo de *burn-out* (síndrome de estar quemado).

El *burn-out* o síndrome de estar quemado es la consecuencia de estar bajo un estrés sostenido o prolongado, generalmente por un exceso de trabajo o un trabajo con extrema responsabilidad. En 1974 Herbert Freudenberger lo definió como un conjunto de síntomas inespecíficos que pueden aparecer en el ambiente laboral y que son el resultado de una demanda profesional excesiva. Ahora están claramente determinadas las características en tres áreas:

Agotamiento físico

Frecuentemente son los primeros síntomas en aparecer algunos los vas a detectar solo; otros, el doctor te los diagnosticará.

- *Cansancio excesivo*. "Me urgen unas vacaciones". "Es lunes y deseo que ya sea viernes".
- *Dolores de cabeza* o migraña.
- *Problemas gastrointestinales*: dolor abdominal, inflamación, colon irritable, úlcera duodenal, entre otros.
- *Problemas respiratorios*: dificultad para respirar, dolor en el pecho, agudización si tienes asma.
- *Alteraciones del sueño*: ya sea que te cueste trabajo iniciar el sueño, o bien, te despiertes durante la noche o antes de tu hora habitual. Muy seguramente notarás que duermes menos horas de las que tu cuerpo pide, aunque tú no lo desees.
- *Problemas dermatológicos*: urticaria, comezón, irritación en la piel.

◙ *Caída de cabello.*

◙ *Dolores musculares*: debido a que el *burn-out* te puede mantener angustiado, o sin "desconectarte" de tus pendientes del trabajo, tus músculos se mantienen en tensión y después de estar así por algunos meses comienzas a sentir estos dolores. Puede ser principalmente en hombros, cuello y espalda.

◙ *Disfunciones sexuales.* Tras estar bajo estrés (negativo) sostenido o prolongado puedes presentar problemas de eyaculación precoz o de erección.

◙ *Alteraciones menstruales.*

◙ *Problemas cardiovasculares*: hipertensión, enfermedades coronarias.

Desgaste emocional y mental

❀ *Presentas distanciamiento emocional (despersonalización)*, como si no te importara estar cerca de los otros (compañeros de trabajo, jefe, responsabilidades).

❀ *Irritabilidad.* Notas que tu tolerancia no es igual que antes, que cosas simples te molestan y hasta sobre-reaccionas.

❀ *Te puedes sentir inseguro, con menor autoestima.*

❀ *Falta de motivación.*

❀ *Problemas de concentración y de memoria.* Te cuesta trabajo recordar o memorizar información. Notarás que cometes más errores, por ejemplo, estás buscando algún objeto y lo traes en la mano. O bien, que estás viendo un programa de televisión, leyendo un libro o platicando y no puedes concentrarte igual que antes.

❀ *Deseos de abandonar el trabajo, de querer escapar.* Cuando el *burn-out* comienza a aparecer la persona comienza a sacar energía y motivación de "la reserva", pero llega el momen-

to que ésta se acaba y quiere "salir corriendo" de la responsabilidad y del trabajo.

◉ *Sentimientos de frustración profesional.* "Siento que hago
mucho y no me siento satisfecho... que no me valo-
ran..."

◉ Al inicio puede confundirse con depresión sin serlo, pero
después de presentar *burn-out* por varios meses puede complicarse y convertirse en una depresión mayor.

◉ *Ansiedad.* Como síntoma, como síndrome o como trastorno.

Consecuencias conductuales

▣ Aislamiento
▣ Mayor consumo de café, cigarro, alcohol. Puede haber en
algunas personas abuso de drogas.
▣ Comer más de lo habitual. En algunos casos, comer menos.
▣ Ausentismo laboral.
▣ Llanto fácil.
▣ En ocasiones sin buscarlo, por esta razón las personas hacen
conductas "de escape" ante la responsabilidad o presión que
viven en el trabajo, como jugar en la computadora, *hobbies*,
llamar por teléfono durante el trabajo, etcétera.

¿Qué proceso suele seguir el *burn-out*?

Al inicio la persona hace un sobre-esfuerzo e intenta "sacar" la
mayor energía posible; vive en un desequilibrio por las demandas
laborales que experimenta; y termina mostrando gran desgaste físico y emocional que lo llevan a una despersonalización (aislamiento) y falta de realización. En todo este trayecto se presentan
problemas físicos que pueden complicarse con enfermedades y
problemas emocionales, hasta llegar a vivir deprimido y sin ninguna motivación en el trabajo o en su vida personal.

¿Quiénes suelen presentar con mayor frecuencia *burn-out*?

Todas las personas que trabajen bajo las características presentadas anteriormente, aunque se ha visto que las personas perfeccionistas y quienes viven solos tienden a presentarlo con mayor frecuencia.

¿Por qué si estamos bajo estrés negativo nos enfermamos más?

❦ La hormona del estrés se llama cortisol. Cuando vivimos bajo demasiado estrés ésta se mantiene en niveles elevados, por lo que la sangre provoca un desgaste indebido haciéndonos más vulnerables a las enfermedades y al envejecimiento prematuro.

❦ Lo anterior sucede porque el sistema inmunológico se debilita debido a que el cortisol lo deprime, entonces las células que circulan por la sangre para atacar a los cuerpos extraños y destruir células mutantes disminuyen. A estas células las podemos llamar *natural killers* o "asesinos naturales".

❦ Cuando nos relajamos, la actividad de dichas células aumenta y fortalece nuestro sistema inmunológico.

El *burn-out* ¿se presenta por grados?

▣ Sí, se presenta de forma gradual y puede llegar a niveles extremos.

▣ Aunque no hay aún una determinación precisa, se dice que sí afecta tu productividad laboral en 25%, lo cual equivale a padecer de *burn-out ligero*. Si te afecta en 40% es *medio* y si te afecta en 90% es *severo*. En este último nivel puedes literalmente no poder levantarte o requerir de demasiado esfuerzo para hacerlo.

Focos rojos

❀ Me siento cansado todo el tiempo.

❀ Y a pesar de ello tengo insomnio.

❀ Tengo dolores de cabeza frecuentes.

▣ Literalmente siento que ya no puedo más en el trabajo.

▣ Deseo escapar de mi trabajo y responsabilidades.

▣ Me estoy aislando de mis compañeros de trabajo.

¿Recomendaciones ante el *burn-out*?

Sí	No
❀ Descansar por periodos cortos a lo largo del día.	▣ Sentir culpa por descansar o no trabajar hasta tarde.
❀ Dormir por lo menos 7 horas por noche.	▣ Robar horas de sueño por trabajar.
❀ Comer sanamente y con tiempo.	▣ Saltarme comidas o comer trabajando.
	▣ Consumir más café o tabaco.
❀ Hacer ejercicio, escuchar música, reír.	

Es bueno de vez en vez salir a relajarse un poco. Para cuando regreses al trabajo tu juicio será mejor, puesto que permanecer constantemente en el trabajo puede auto-engañarte.

LEONARDO DA VINCI

Capítulo 3

Angustia

La angustia como síntoma es más frecuente que el dolor

L a angustia es esa respuesta en la que el corazón nos late de forma intensa y rápida (taquicardia), nos sudan las manos (sudamos en general), nos cuesta trabajo respirar y lo hacemos hiperventilando o respirando de manera corta y rápida, entre otros síntomas físicos.

Pero sobre todo, tenemos la *sensación de que algo malo va a pasar*, no estamos tranquilos y esta sensación es muy desagradable. Todos la hemos sentido, al igual que todos hemos sentido el dolor.

Bueno, pues es un hecho demostrado en medicina que la angustia es más frecuente que el dolor.

En los problemas psiquiátricos y psicológicos, a nivel mundial la ansiedad ocupa el segundo lugar, abajo de la depresión.

¿Qué es el estrés, el miedo, la ansiedad y la angustia?

El estrés y el miedo son respuestas que nos ayudan a adaptarnos.

Vivir con estrés es una situación cotidiana en nuestra vida y no podemos evitarlo porque *todo cambio*, positivo o negativo, requiere de ajustes, lo que *nos activa* y, por ende, *nos estresa*. Lo asociamos con eventos desagradables, pero también las situaciones positivas o alegres nos producen estrés. Existe el estrés positivo que nos ayuda a activarnos y funcionar adecuadamente ante las circunstancias; y el estrés negativo, con el que nos sobre-activamos y no sólo no funcionamos apropiadamente, sino que nos genera consecuencias físicas y sociales negativas.

Sentimos miedo cuando estamos ante un *peligro inminente* y necesitamos *actuar*. Es un *mensajero* que nos indica que debemos protegernos.

La ansiedad y la angustia presentan la misma reacción física que el estrés y el miedo (taquicardia, sudoración, respiración rápida y difícil, tensión muscular, etcétera), pero con la diferencia de que no hay ningún evento que nos amenace. La amenaza está en el pensamiento, en la forma catastrófica de interpretar lo que sucede. Por esta misma razón, hay personas que se sienten angustiadas sentadas en su casa, sin ninguna situación que amenace su vida o su seguridad como en el miedo. O bien, sin que estén presentándose actividades que requieran de adaptación (como en el estrés). Es decir, en la ansiedad y la angustia pensamos en términos de: "y si…" "qué tal que…", "no vaya a ser que…".

A pesar de que existen diferencias claras entre una y la otra, los expertos suelen emplearlas como sinónimos, pues no se presenta una sin la otra, y así las usaremos en este libro. No obstante, te presentamos a continuación las características propias de cada una de ellas.

La ansiedad hace alusión a los síntomas psicológicos:

- ❀ Menor concentración
- ❀ Dificultad para memorizar y para recordar
- ❀ Sensación de perder el control
- ❀ Mente "en blanco"

La angustia hace referencia a los síntomas fisiológicos:

- ✱ Taquicardia
- ✱ Respiración rápida y corta (hiperventilación)

* Tensión muscular
* Manos y pies fríos
* Boca seca
* Temblor, entre otros

La ansiedad puede manifestarse como síntoma, como síndrome y como trastorno. En el área de la medicina, es decir como síntoma, la ansiedad es más frecuente que el dolor y puede presentarse como ansiedad aguda o ansiedad crónica.

Síntomas de ansiedad aguda:

▣ Taquicardia (palpitaciones)
▣ Hipertensión (los niveles de presión arterial se incrementan)
▣ Dificultad para respirar
▣ Dificultad para tragar
▣ Náuseas
▣ Hiperventilación (respiración rápida y corta)
▣ Tensión y contracción muscular
▣ Dolor de espalda y/u hombros
▣ Debilitamiento del sistema inmunológico
▣ Temblores
▣ Sequedad de boca y cutánea
▣ Erupciones en la piel
▣ Entumecimientos
▣ Hormigueos
▣ Mayor nivel de azúcar en la sangre
▣ Dilatación de pupilas
▣ Micción frecuente (ganas de orinar)
▣ Transpiración (sudoración)
▣ Rubores
▣ Sofocos y escalofríos
▣ Mareos
▣ Desmayos

▣ Desrealización (sensación de estar en un ambiente raro o cambiante, como estar en una obra de teatro o una película viéndola de lejos como un espectador); la persona reconoce que eso es irreal, absurdo o ilógico, pero aun así tiene esa sensación.

▣ Despersonalización (sensación de que yo no soy yo, como verse en un espejo y no reconocerse a sí mismo). La persona reconoce que eso es irreal, absurdo o ilógico, pero aun así tiene esa sensación.

▣ Miedo a morir

▣ Miedo a enloquecer

▣ Miedo a perder el control

▣ Inquietud o agitación (necesidad de estarse moviendo)

Síntomas de ansiedad crónica:

❀ Inquietud o agitación

❀ Fatigabilidad

❀ Dificultad para concentrarse o "mente en blanco"

❀ Irritabilidad

❀ Tensión muscular

❀ Alteración en el sueño: dificultad para iniciarlo o mantenerlo

❀ Descanso insatisfactorio

❀ Debilitamiento del sistema inmunológico

Los *síndromes ansiosos* son manifestaciones psicosomáticas (existe un síntoma físico, pero el origen el psicológico). Frecuentemente se categorizan por sistemas:

Gastrointestinales:

▣ Hiperfagia (comer más de lo habitual)

▣ Hipofagia (comer menos de lo habitual)

▣ Síndrome de colon irritable

▣ Estreñimiento

◙ Diarrea

◙ Úlceras gástricas

Cardiovascular:

❀ Presión retro esternal (opresión en el pecho)

❀ Molestias precordiales (dolores en el pecho)

Respiratorio:

✱ Disnea (sensación de falta de aire)

✱ Taquipnea (respiración rápida)

✱ Hiperventilación (respiración más rápida, con mayor esfuerzo muscular y produce un decremento de bióxido de carbono en la sangre, lo que genera un malestar físico generalizado).

Genitourinario:

▣ Amenorrea (falta de menstruación)

▣ Dispareunia (dolor que se experimenta en la penetración)

▣ Vaginismo (espasmo vaginal que impide las relaciones sexuales normales)

▣ Disfunción eréctil

▣ Eyaculación precoz

Otros:

❀ Dolores de cabeza

❀ Erupciones en la piel (acné, dermatitis atópica)

La ansiedad se caracteriza por cuatro componentes:

◙ Situación de aprehensión o anticipación negativa al posible peligro (pensamiento).

◙ Un estado de malestar, muy parecido al miedo, cuando en realidad no existe peligro (emoción).

◙ Una activación física de alerta e hipervigilancia que genera tensión muscular (fisiología).

◙ Evitación directa o indirecta de lo que tememos (conducta)

El tipo de pensamientos que tenemos nos genera consecuencias congruentes a éstos. Estas consecuencias son: emocionales, fisiológicas y conductuales, como lo podemos observar en los cuatro componentes de la ansiedad.

Para sufrir ansiedad necesitamos pensar en términos *futuristas* y *catastróficos*: Al pensar: "Qué tal que al caminar junto a ese perro me muerde"; en este caso la persona no puede pasar frente al perro sin experimentar tensión muscular, estar alerta y respirar más rápido, por ejemplo.

Sin embargo, existen tres causas por las que puede presentarse una serie de consecuencias similares a las de la ansiedad sin pensamiento antecesor.

Dichas causas son:

1. Presencia o ausencia de una droga en el organismo.
2. Problema médico que genere sintomatología similar a la ansiedad.
3. Riesgo de vida inminente.

Presencia o ausencia de una droga en el organismo. Estas sustancias, también llamadas psicoestimulantes, psicotónicos, psicoanalépticos o energizantes psíquicos, son drogas que tienen varios efectos benéficos, pero muestran un gran potencial de abuso. Se ha clasificado a los estimulantes del sistema nervioso central en *menores* y *mayores*.

a. Los estimulantes menores son la *teobromina* (extraída del chocolate); la *teofilina* (proveniente del té) y la *cafeína* (proveniente del café). Todas ellas se agrupan, por su estructura química, como *metilxantinas*. Estas sustancias provienen de plantas que se distribuyen ampliamente.

Las bebidas preparadas con ellas son el café, el té, el chocolate, el guaraná (la bebida nacional de Brasil) o el mate (de Uruguay y Argentina).

b. Como estimulantes mayores se consideran la *estricnina*, las *anfetaminas* (y derivados metilfenidato, pemolina) y la *cocaína.*

Existen otros tipos de sustancias que generan síntomas similares a la ansiedad, ya sea por su administración o su supresión: alcohol, barbitúricos, antidepresivos, hipnóticos y neurolépticos, anestésicos, analgésicos, antinflamatorios, broncodilatadores, anticolinérgicos, insulina, preparados tiroideos, anticonceptivos orales, antihistamínicos, antiparkinsonianos, corticoides, antihipertensivos, sales de litio, anticomiciales y alucinógenos entre algunos más.

Problema médico que genere sintomatología similar a la ansiedad. La ansiedad es un síntoma presente en casi todos los procesos psiquiátricos y frecuentemente acompaña muchos cuadros estrictamente médicos. Resulta muy importante saber y diferenciar si los síntomas de ansiedad se deben a una condición médica o se trata de ansiedad pura, puesto que la manifestación es muy similar. Un psiquiatra o psicólogo es la persona indicada para realizar el diagnóstico. A continuación te presentamos una lista de los problemas médicos más frecuentes que sería importante descartar:

a. Enfermedades endocrinas y metabólicas: feocromocitoma, trastornos tiroideos: (hiper o hipotiroidismo), hipoglucemia, hipoparatiroidismo, síndrome carcinoide, síndrome de Cushing, menopausia, trastorno disfórico premenstrual y enfermedad de Adison.

b. Enfermedades cardiovasculares: insuficiencia coronaria, infarto de miocardio, taquicardia paroxística supraventricular, prolapso de válvula mitral, arritmias, hipertensión arterial.

c. Respiratorias: asma bronquial, enfermedad pulmonar obstructiva, hipoxia por embolia o neumonía, síndrome de hiperventilación y apnea del sueño.

d. Enfermedades carenciales y metabólicas: déficit de vitamina B_{12}, ácido fólico, o vitamina B_1, anemia y porfiria.*

Riesgo de vida inminente. Cuando la vida de una persona se encuentra en riesgo inminente (asalto con violencia, terremoto, incendio, inundación, etcétera) la respuesta fisiológica es idéntica a la de la ansiedad, lo cual prepara al organismo para poder actuar de forma inmediata y acorde al estímulo. Por tal motivo, no hablamos de ansiedad sino de *miedo.*

Al excluir estas tres situaciones confundibles con la ansiedad podemos establecer explícitamente que la ansiedad se presenta, básicamente, por la forma en que la persona evalúa sus propias capacidades y el estímulo a encarar. Sobre-estima el peligro del estímulo y subestima las propias habilidades y capacidades para afrontar dicha situación. Explicado en otras palabras, la persona interpreta erróneamente lo que enfrenta y esto aparece por encima de lo que *cree que puede* enfrentar o controlar (y lo ve como terrible, catastrófico y peligroso).

Esto se identifica claramente en los llamados "pensamientos automáticos" a través de distorsiones cognitivas. Es decir, normalmente tenemos una auto-charla, "nos estamos hablando" continuamente en el pensamiento. Algunas personas no lo iden-

---

* Las porfirias son un grupo heterogéneo de enfermedades metabólicas, generalmente hereditarias, ocasionadas por deficiencias en las enzimas que intervienen en la biosíntesis del grupo hemo (componente de la hemoglobina, parte esencial de los glóbulos rojos). Se caracterizan por una sobreproducción y acumulación de las llamadas porfirias y de precursores como ALA (ácido delta aminolevulínico) y PBG (porfobilinógeno).

tifican claramente, pero con un poco de práctica comienzan a hacerlo. Bien, en estos "pensamientos automáticos" se puede identificar pensamientos racionales (objetivos, claros que generan emociones controlables, de corta duración y adaptativos) y pensamientos irracionales; entre los segundos se identifican errores o distorsiones en la forma de pensar, conocidos como distorsiones cognitivas. Existen muchas distorsiones cognitivas, pero en la ansiedad se presentan con mayor frecuencia la *futurización* catastrófica, la *personalización*, la *generalización*, la minimización de lo bueno y *magnificación de lo malo* y la *atención selectiva*, entre otras. Con el fin de clarificar estas distorsiones cognitivas presento los siguientes ejemplos generales:

Futurización catastrófica. La persona anticipa negativamente la conducta de otros, de sí mismo o de eventos en general: "Yo estoy seguro que tarde o temprano le va a pasar algo a mi hijo".

Personalización. Se asume arbitrariamente que uno es la causa de un evento externo particular ("Llegó tarde solo para presionarme") o bien, que las consecuencias o eventos negativos recaerán sobre la persona por encima de los demás ("Sí, yo sé que muchos aviones volarán hoy, pero ¿y si el mío se cae?")

Generalización. La presencia de un evento es considerada como una característica definitoria de vida y no como un evento más dentro de muchos otros ("Todos los vuelos cortos son peligrosos, mucho más que los vuelos trasatlánticos". "Siempre me pasa lo peor").

Minimización de lo bueno y magnificación de lo malo. Características o experiencias positivas son tratadas como reales, pero insignificantes ("Sé que soy un buen estudiante, pero eso qué importancia puede tener… hay otros mejores que yo").

Atención selectiva. Algunos aspectos de una situación compleja son foco de atención, mientras que otros son ignorados. Esta situación se interpreta como tener una "visión de túnel" para los aspectos negativos o ansiogénicos: "Desde que estoy embarazada he visto muchísimas embarazadas".[2]

El pensamiento de la persona ansiosa se encuentra lleno de pensamientos repetitivos, de peligros que toman la forma de expresiones verbales o imágenes continuas. Una persona que interprete la vida en estos términos no puede sentirse tranquila, sino ansiosa. Dichos pensamientos automáticos negativos reflejan temas catastróficos involucrados directa o indirectamente con la persona misma, con otras personas, objetos o situaciones importantes para ellos sobre aspectos físicos, sociales o psicológicos. Si pudiéramos comparar a la persona con una computadora, podríamos decir que su software básico está indicándole de forma constante y automática que: "Todo es peligroso hasta que se demuestre lo contrario".

Los terapeutas cognitivos le llaman a esto "esquema negativo". De los esquemas negativos surgen creencias que dirigen a los pensamientos negativos: "Si tengo el control de las cosas, entonces no va a ocurrir ninguna desgracia". "Debo prever todas las posibles situaciones negativas y actuar anticipadamente para que no pase nada malo".

Al pensar de esta forma, la persona ansiosa se mantiene buscando tener el control de las situaciones e invirtiendo mucho tiempo tratando de evitar situaciones que le generen ansiedad.

Coexisten también cuatro tipos de características en la forma de pensar o interpretar la vida en las personas con problemas de ansiedad:

1. Confusión de lo posible y lo probable. Sabemos que es *posible* que ocurran cosas desagradables o negativas; es un

---

2 Son las mismas que ya existían pero no les prestaba atención por no coincidir con su vida: "Me asaltaron en un coche negro y ahora los coches negros me dan miedo".

hecho de vida. Pero la *probabilidad* de que ocurran en el momento y la forma como la persona con ansiedad lo interpreta es poco probable. Sí es posible que se caiga un avión cuando la persona va a sus vacaciones, pero ¿qué tan probable es que esto ocurra, sobre todo cada vez que él se suba?

2. Confusión de la severidad. Una persona con ansiedad tiende a interpretar de forma exacerbada la severidad de los eventos o estímulos: si algo es desconocido o no me gusta; entonces es peligroso. Si algo es peligroso entonces es extremadamente peligroso. En otras palabras, todo es interpretado en términos de consecuencias sumamente graves / terribles y sin solución.

3. Duda / Indecisión. Las personas con problemas ansiosos buscan garantías o tener certeza ante la vida. Sin embargo, generalmente esto no es posible; al tiempo que estas personas presentan dificultad para categorizar y discriminar, por lo que suelen no tomar decisiones fácilmente y no saben si eligieron bien o, en su defecto, si tienen todos los elementos para decidir. Lo anterior sucede independientemente de la importancia de la situación o número de elementos a considerar.

4. Tienen actitudes perfeccionistas y estrictas que generan miedo y preocupación con la precisión, porque buscan tener control de las cosas y así evitar consecuencias desagradables (terribles), que han interpretado erróneamente.

Un psicólogo cognitivo-conductual necesita trabajar activa y directamente sobre los pensamientos automáticos negativos "y si… qué tal que…, no vaya a ser que…", entre muchos más; y con esquemas y creencias intermedias negativos hipervalentes donde el peligro es relevante ("Todo es peligroso hasta que se demuestre lo contrario", entre otros). Esto con la intención de modificar el sistema afectivo y fisiológico. El objetivo central de estos psicólogos es modificar la cognición de la persona con ansiedad.

> En los momentos de ansiedad, no tratéis de razonar, pues vuestro razonamiento se volverá contra vosotros mismos; es mejor que intentéis hacer esas elevaciones y flexiones de brazos que se enseñan ahora en todas las escuelas; el resultado os asombrará. Así, el profesor de filosofía os envía al de gimnasia.
>
> ALAIN

Trastornos por ansiedad

Recordemos que la ansiedad se puede presentar como síntoma, como síndrome o como trastorno. Los especialistas en Salud Mental (psicólogos y psiquiatras) se basan en manuales estadísticos que codifican los diferentes trastornos psico-emocionales; uno de ellos es el *Manual diagnóstico y estadístico de los trastornos mentales*, 4ª revisión (DSM-IV-R), en el cual se codifican los siguientes *trastornos por ansiedad*:

Ataque de pánico

Se caracteriza por un temor o *ansiedad*, en la cual se presentan cuatro (o más) de los siguientes síntomas, al tiempo que se desarrollan abruptamente para alcanzar un pico máximo en un promedio de diez minutos:

1. Taquicardia, acelerada frecuencia cardíaca
2. Sudoración
3. Temblores o sacudidas
4. Sensación de no poder respirar
5. Sensación de ahogo o falta de aliento
6. Opresión o malestar torácico
7. Náuseas o molestias abdominales
8. Inestabilidad, mareo o desmayo
9. Desrealización (sensación de irrealidad) o despersonalización (estar separado de uno mismo)
10. Miedo a perder el control o volverse loco
11. Miedo a morir
12. Parestesias (sensación de entumecimiento u hormigueo)
13. Escalofríos o sofocos

(Pueden presentarse con o sin agorafobia.)

Agorafobia

Aparición de ansiedad al *encontrarse en lugares o situaciones donde escapar puede resultar difícil* (o embarazoso) o donde, en el caso de aparecer una crisis de angustia inesperada, no pueda disponerse de ayuda. Los temores agorafóbicos suelen estar relacionados con un conjunto de situaciones características, entre las que se incluyen estar solo fuera de casa; mezclarse con la gente o hacer cola; pasar por un puente, o viajar en autobús, tren o automóvil.[3]

La persona *evita las situaciones que le angustian*, por ejemplo, el número de viajes retomando el caso anterior. Se resiste a costa de un malestar o ansiedad significativos, por temor a que aparezca

---

[3] Considerar el diagnóstico de fobia específica si el comportamiento de evitación se limita a una o pocas situaciones específicas, o de fobia social si tan sólo se relaciona con acontecimientos de carácter social.

una crisis de angustia o síntomas similares a la angustia, o se hace indispensable para ella la presencia de un conocido para soportarlas.

Esta ansiedad o comportamiento evitativo no puede explicarse mejor por la presencia de otro trastorno mental como fobia social (por ejemplo, la evitación limitada a situaciones sociales por miedo a ruborizarse), fobia específica (evitación limitada a situaciones aisladas como los ascensores), trastorno obsesivo-compulsivo (evitación de todo lo que pueda ensuciar en un individuo con ideas obsesivas de contaminación), trastorno por estrés postraumático (evitación de estímulos relacionados con una situación altamente estresante o traumática) o trastorno de ansiedad por separación (evitación de abandonar el hogar o la familia).

Fobia específica

❀ Temor acusado y persistente que la persona reconoce como exagerado o irracional, pero que no puede evitar. Se desencadena por la presencia o anticipación de un objeto o situación específicos, como volar, los precipicios, ciertos animales, inyecciones, sangre, etcétera.

❀ Estar frente al estímulo fóbico provoca casi invariablemente una respuesta inmediata de ansiedad, que puede convertirse en una crisis de angustia situacional o más o menos relacionada con una situación determinada.[4]

❀ La persona *reconoce que este miedo es excesivo o irracional.*

❀ La situación fóbica se *evita* o se soporta a costa de una intensa ansiedad o malestar.

❀ Evitar ciertas situaciones, anticipar ansiosamente lo que puede ocurrir y sentir malestar ante las situaciones temidas

---

4 En los niños la ansiedad puede traducirse en llanto, berrinches, inhibición o abrazos.

provoca una interferencia importante en la rutina normal de las personas, en las relaciones laborales, académicas, sociales o bien, provoca un malestar psicológico y emocional significativo.

❀ En los menores de 18 años la duración de estos síntomas es de seis meses como mínimo.

Tipos:

* Tipo animal
* Tipo ambiental (*vg.* alturas, tormentas, agua)
* Tipo sangre-inyecciones-daño
* Tipo situacional (*vg.* aviones, ascensores, recintos cerrados)
* Otros tipos (*vg.* evitación fóbica de situaciones que pueden provocar atragantamiento, vómito o adquisición de una enfermedad; en los niños, evitación de sonidos intensos o personas disfrazadas)

Fobia social

▣ Temor persistente y causado por una o más situaciones sociales, o actuaciones en público, en las que una persona se ve expuesta a personas que no pertenecen al ámbito familiar; o bien, temor a la posible evaluación por parte de los demás. El individuo teme actuar de un modo o mostrar síntomas de ansiedad que sean humillantes o embarazosos.[5]

▣ La exposición a las situaciones sociales temidas provoca, casi invariablemente, una respuesta inmediata de ansiedad,

---

5 En el caso de los niños es necesario demostrar que sus capacidades para relacionarse socialmente con sus familiares son normales y han existido siempre; así como que la ansiedad social aparece en las reuniones con individuos de su misma edad y no sólo en cualquier interrelación con un adulto.

por lo que la persona reconoce que este temor es excesivo o irracional.[6]

▣ Las situaciones sociales o actuaciones en público temidas se *evitan* o bien se experimentan con ansiedad o malestar intensos.

▣ El miedo o el comportamiento de evitación no se deben a los efectos fisiológicos directos de una sustancia (drogas, fármacos) o de una enfermedad médica, por lo que no pueden explicarse mejor que por la presencia de otro trastorno mental (trastorno de angustia con o sin agorafobia, trastorno de ansiedad por separación, trastorno dismórfico corporal, un trastorno generalizado del desarrollo o trastorno esquizoide de la personalidad).

Trastorno obsesivo compulsivo

❀ Se caracteriza por obsesiones y compulsiones.

❀ Las *obsesiones son pensamientos, impulsos o imágenes recurrentes y persistentes* que se experimentan en algún momento del trastorno como intrusivos e inapropiados y que causan ansiedad o malestares significativos.

❀ Estos pensamientos, impulsos o imágenes *no se reducen a simples preocupaciones excesivas sobre problemas de la vida real.* La persona intenta ignorar o suprimir estas obsesiones, o bien intenta neutralizarlas mediante otros pensamientos o actos (compulsiones), pero solamente consigue agravar el trastorno. Asimismo, *reconoce que las obsesiones son el producto de su mente* (y no vienen impuestos como en la inserción del pensamiento).

❀ Las *compulsiones son comportamientos* (lavarse las manos de forma exagerada, colocar los objetos bajo un orden estricto

---

6 Cabe mencionar que en los niños puede faltar este reconocimiento.

y específico) o *actos mentales* (rezar, contar o repetir palabras en silencio, revisar una y otra vez cerraduras, ventanas, llaves de gas, entre otras). Son exageradas, repetitivas o extremas y buscan tanto evitar una catástrofe, que proviene de las obsesiones, como eliminar de su pensamiento a las obsesiones mismas.

❀ En algún momento del transcurso del trastorno, la persona puede reconocer que estas obsesiones o compulsiones resultan excesivas, absurdas o irracionales.[7]

❀ Las obsesiones o compulsiones provocan un malestar clínico significativo, *representan una pérdida de tiempo* (suponen más de una hora al día) o interfieren marcadamente con la rutina diaria de la persona, sus relaciones laborales, académicas o su vida social.

❀ Si hay otro trastorno, el contenido de las obsesiones o compulsiones no se limita a él (preocupaciones por la comida en un trastorno alimentario; arranque de cabellos, en la tricotilomanía; inquietud por la propia apariencia, en el trastorno dismórfico corporal; preocupación por las drogas, en un trastorno por consumo de sustancias; preocupación por estar padeciendo una grave enfermedad, en la hipocondría; preocupación por las necesidades o fantasías sexuales, en una parafilia; o sentimientos repetitivos de culpabilidad en el trastorno depresivo mayor).

❀ Por último, es importante mencionar que un trastorno no se debe a los efectos fisiológicos directos de una sustancia, como drogas, fármacos, o de una enfermedad médica.

Trastorno por estrés postraumático

▣ Para que este trastorno se presente la persona necesita haber estado expuesta a algún acontecimiento traumático en

---

[7] Hay que mencionar que este punto no es aplicable en los niños.

el que haya vivido o presenciado alguna circunstancia caracterizada por muertes o amenazas para su integridad física o la de las demás (por ejemplo, secuestros, robos, asaltos, abuso sexual, huracanes, etcétera). Y, además, respondido ante dicha cincunstancia con *temor, desesperanza u horror intensos.*[8]

▣ La persona *reexperimenta ese evento de forma persistente,* ya sea a través de *recuerdos* (pensamientos, imágenes o percepciones) recurrentes e intrusivos, o bien, a través de *sueños* que le provocan malestar.[9]

▣ El individuo actúa, o tiene la sensación, de que el acontecimiento traumático está presente.[10]

Además, la persona experimenta un malestar psicológico intenso (respuestas fisiológicas) al exponerse a estímulos internos o externos que simbolizan o recuerdan un aspecto del acontecimiento traumático; asimismo, suele evitar de forma persistente todos los estímulos asociados al trauma. En esta circunstancia se presentan por lo menos tres (o más) de los siguientes síntomas:

✹ Esfuerzos para evitar pensamientos, sentimientos o conversaciones sobre el suceso traumático.

✹ Esfuerzos para evitar actividades, lugares o personas que motivan recuerdos del trauma.

✹ Incapacidad para recordar un aspecto importante del trauma.

✹ Reducción acusada del interés o la participación en actividades significativas.

---

8 En los niños estas respuestas pueden expresarse en comportamientos desestructurados o agitados.

9 En los niños pequeños esto puede expresarse en juegos repetitivos donde aparecen temas o aspectos característicos del trauma; también pueden presentar sueños terroríficos de contenido irreconocible.

10 Los niños pequeños pueden re-escenificar el acontecimiento traumático específico.

❀ Sensación de desapego o enajenación frente a los demás.

❀ Restricción de la vida afectiva; por ejemplo, incapacidad para tener sentimientos de amor.

❀ Sensación de un futuro desolador; por ejemplo, no espera obtener un empleo, casarse, formar una familia o, en definitiva, llevar una vida normal.

También existen síntomas persistentes de aumento de la activación, de ahí que suelan presentar por los menos dos de los siguientes síntomas:

* Dificultades para conciliar o mantener el sueño
* Irritabilidad o ataques de ira
* Dificultades para concentrarse
* Hipervigilancia
* Respuestas exageradas de sobresalto

Todas las alteraciones mencionadas hasta este momento se prolongan *más de un mes* y provocan malestar clínico significativo o deterioro social, laboral o alguno de otras áreas importantes de la actividad de la persona.

Es importante especificar dos circunstancias sobre este trastorno: *1) agudo*: si los síntomas duran menos de tres meses; crónico: si los síntomas duran tres meses o más; *2)* o si se trata de un inicio demorado, cuando entre el acontecimiento traumático y el inicio de los síntomas han pasado como mínimo seis meses.

Trastorno por ansiedad generalizada

Ansiedad y preocupación excesivas (expectación aprehensiva) sobre una amplia gama de acontecimientos o actividades, como el rendimiento laboral o escolar, que se prolongan más de seis meses.

A la persona le resulta difícil controlar este estado de constante preocupación.

La ansiedad y preocupación se asocian a tres o más de los seis síntomas siguientes, algunos de los cuales han persistido más de seis meses.[11]

◙ Inquietud o impaciencia
◙ Fatigabilidad fácil
◙ Dificultad para concentrarse o tener la mente en blanco
◙ Irritabilidad
◙ Tensión muscular
◙ Alteraciones del sueño (dificultad para conciliar o mantener el sueño o sensación al despertarse de haber tenido un sueño no reparador).

El centro de la ansiedad y de la preocupación no se limita a los síntomas de otro trastorno, por ejemplo, la ansiedad no hace referencia a la posibilidad de presentar una crisis de angustia (ataque de pánico), pasarla mal en público (fobia social), contraer una enfermedad (trastorno obsesivo compulsivo), estar lejos de casa o de los seres queridos (ansiedad por separación), engordar (anorexia nervosa) o miedo a padecer una enfermedad grave (hipocondría).

Asimismo, la ansiedad, la preocupación o los síntomas físicos provocan malestares clínicamente significativos o deterioro social, laboral o de otras áreas importantes de la actividad de la persona.

Cabe señalar que estas alteraciones no se deben a los efectos fisiológicos directos de una sustancia (drogas, fármacos), o a una enfermedad médica, y no aparecen exclusivamente en el transcurso de un trastorno del estado de ánimo, un trastorno psicótico o un trastorno generalizado del desarrollo de la persona.

Los trastornos de hipocondriasis y trastorno dismórfico corporal se clasifican en el *Manual diagnóstico y estadístico de los tras-*

---

[11] En los niños sólo se requiere uno de estos síntomas.

tornos mentales, 4ª revisión (DSM-IV-R), bajo el rubro de *trastornos somatoformes*, y no como *trastornos por ansiedad*. sin embargo, y a pesar de ello, pueden ser analizados como problemas involucrados con la ansiedad acerca de la propia salud, o ansiedad con respecto a alguna parte del propio aspecto físico, ya que tienen características que coinciden parcialmente con los trastornos por ansiedad.

Hipocondriasis

⚘ La hipocondriasis es la preocupación y miedo a tener, o la convicción de padecer, una enfermedad grave a partir de la interpretación personal de síntomas somáticos.

⚘ Dicha preocupación persiste a pesar de las exploraciones y explicaciones médicas apropiadas.

⚘ No obstante, estas creencias no son delirantes (delirio: creencia falsa que no forma parte de una tradición cultural o una confesión religiosa, basada en una inferencia incorrecta de la realidad externa y mantenida firmemente a pesar de la evidencia clara en su contra).

⚘ El malestar que todo esto genera es tal que deteriora gran parte de la vida social, laboral o de otras áreas importantes de la vida de una persona. Su duración mínima es de seis meses.

⚘ En este contexto, es importante especificar si se tiene poca consciencia de la enfermedad; en tal caso, durante la mayor parte del episodio, la persona no se da cuenta de que la preocupación por padecer una enfermedad grave es excesiva o injustificada.

Trastorno dismórfico corporal

▣ Preocupación por algún defecto imaginado del aspecto físico. Éste ocurre cuando hay leves anomalías físicas y la preocupación es extrema o excesiva.

▣ La preocupación provoca un malestar clínicamente significativo o deterioro social, laboral o de otras áreas importantes de la actividad del individuo, y no se explica mejor que por la presencia de otro trastorno mental (como en la anorexia nerviosa).

Cuando una persona vive bajo estrés sostenido o realiza trabajo extenuante, sea por la cantidad de horas o la responsabilidad que éste conlleva, es frecuente que presente el síntoma de *burn-out*. Como explicamos antes se le conoce como el síndrome de "estar quemado" (síndrome de *burn-out*) y fue descrito en 1974 por el psiquiatra Herbert Freudenberger, quien hizo referencia a lo observado con pacientes farmaco-dependientes crónicos.

Hoy en día, el síndrome de *burn-out* hace referencia al desgaste físico, emocional y conductual consecuente con la actividad profesional asociada a las actividades que se realizan bajo mucha presión, estrés, responsabilidad, o bien, jornadas prolongadas por largos periodos.

No obstante, no existe una clasificación oficial del síndrome de *burn-out* es clara la identificación de diferentes características cognitivo-conductuales y sintomáticas.

Es posible señalar que las demandas laborales exceden los recursos materiales y humanos provocando una situación de estrés. Ante éstas, la persona tiende a afrontarlas con inhabilidad para establecer límites, inhabilidad para priorizar y actitudes perfeccionistas.

Es frecuente que al inicio, la persona presente hiperactividad, por lo que comienza a trabajar más horas y a vivir como si el tiempo fuera insuficiente. Ante lo cual se disminuye el nivel de compromiso, comienza a deshumanizarse la tarea, se altera la concentración, se tiene aspiraciones excesivas, comienza la pérdida de ilusión y motivación con sentimientos de culpa, depresión y agresividad.

La persona comienza a desorganizarse progresivamente, disminuye su capacidad cognitiva como la atención y la memoria; a consecuencia de esta situación, vive indiferente hacia sus aspectos afectivos, sociales y espirituales y experimenta reacciones psicosomáticas. Más adelante aparecen signos de ansiedad y fatiga.

Debido a la falta de energía y entusiasmo la disminución del interés por los aspectos laborales y de las capacidades cognitivas, la frustración, la desmotivación, los deseos de dejar a un lado el trabajo para ocuparse en otra cosa ("o salir corriendo"), y sobre todo la gran desmoralización, exacerban el agotamiento y los recursos humanos emocionales. Por lo que la persona comienza a desarrollar actitudes negativas (inicio o aumento del consumo de drogas, alcohol, tabaco, juego, etcétera) y se insensibiliza ante los problemas que requieren ayuda. En ese sentido, aparecen frecuentemente los sentimientos de culpa y le es imposible resolver sus problemas. El individuo se siente agotado, hastiado del trabajo, se aleja de la familia y de los amigos y a veces se hunde en la depresión, incluso en casos avanzados pueden llegar al suicidio. Para más detalles, vuelve a leer "Cuando el estrés agota"el tema que inicia en la página 27.

¿Timidez o fobia social?

La timidez puede fácilmente confundirse con la fobia social; sin embargo hay que tener presente que no se trata de lo mismo.

Las personas tímidas pueden sentirse muy incómodas cuando están con otras personas, pero no viven extrema ansiedad al anticipar una situación social.

Por cierto, no necesariamente evitan circunstancias que las hagan sentirse cohibidas.

Las personas con fobia social no necesariamente son tímidas, pues pueden sentirse totalmente cómodas con otras personas gran parte del tiempo, pero en situaciones específicas, como hablar frente a un público, figuras de autoridad, que otros las observen comer o hacer alguna actividad, pueden sentir intensa ansiedad: taquicardia, sudoración, dificultad para respirar, temblor, enrojecimiento de la cara, entre otros síntomas.

La fobia social transforma la vida normal de quien la padece; genera gran sufrimiento y puede interferir en su trabajo o estudios.

Con fobia social la persona puede angustiarse incluso semanas antes de que el evento suceda, simplemente con el hecho de imaginar que se va a presentar.

Pensamientos característicos en la timidez y en la fobia social:

Timidez	Fobia social
"Lo mío no tiene importancia."	"Y si me pongo ansioso."
"Quizá se aburran con lo que digo, mejor me callo."	"Y si me pongo rojo o tiemblo y creen que no soy capaz."
"Lo que a mí me gusta no le va a gustar a los demás."	"Seguro van a pensar que no soy normal."
	"Qué tal que me rechazan."

Es muy difícil vivir con timidez y lo es peor con fobia social. Afortunadamente, ambas pueden eliminarse: sólo se requiere trabajar contra ellas. Existen opciones muy eficientes para lograrlo y la terapia cognitiva es una de ellas.

Por favor, no vivas en la sombra cuando el Sol sale para todos.

Mientras el tímido reflexiona, el valiente va, triunfa y vuelve.

PROVERBIO GRIEGO

Lo imposible es el fantasma de los tímidos y el refugio de los cobardes.

NAPOLEÓN BONAPARTE

Capítulo 4

¿Qué es la salud mental?

La salud mental puede ser definida como el estado de bienestar que nos permite realizar nuestras habilidades y capacidades, afrontar el estrés normal de la vida, trabajar de manera productiva y fructífera, hacer una contribución significativa a nuestras comunidades y de disfrutar los eventos agradables que nos acontecen día a día. Pero desgraciadamente, en la mayor parte del mundo se le suele dar un dejo de abandono y de indiferencia, pues se tiende a dar mayor importancia a la salud física. No obstante, genera gastos millonarios año con año, pues la persona con una enfermedad mental disminuye su capacidad para trabajar así como su ingreso personal, lo que afecta, en primera instancia, a quien la padece, pero también a su familia y, finalmente, a la economía nacional. El costo de los problemas de salud mental en países desarrollados se estima entre 3% y 4% del Producto Nacional Bruto. En muchos países desarrollados, 35% y 45% del ausentismo laboral es provocado por los problemas de salud mental.

Sin embargo, la salud mental ha estado oculta por la estigmatización y la discriminación durante gran parte del desarrollo de la humanidad. Los individuos con dificultades de salud mental pueden también tener que sobrellevar una carga social.

Dichos desajustes de la salud a veces conllevan un estigma social que tiene repercusiones en el lugar de trabajo. Quienes tienen dificultades se enfrentan con más problemas para *conseguir y conservar un empleo*, que las personas que padecen otros tipos de incapacidad. Pueden verse excluidos del mercado de trabajo debido a los prejuicios con respecto a su capacidad para trabajar, aun cuando se han recuperado o su discapacidad está perfectamente bajo control.

En términos reales la forma en que esto se traduce en la vida de las personas, significa con frecuencia, que terminan aisladas y empobrecidas, con problemas de desánimo, ansiedad persistente y estrés.

En la Antigüedad y en la Edad Media se creía que quienes tenían algún padecimiento psiquiátrico tenían una posesión demoníaca o espiritual. Hoy en día, aunque gran parte de la población ya no valida estas creencias, desafortunadamente todavía hay quienes así lo consideran. O bien, si no lo piensan así, por lo menos consideran que estas personas están "locas" y las etiquetan peyorativamente, llegando ellas mismas a considerarse así: "locas".

El riesgo de que tú o cualquiera de nosotros padezcamos alguna enfermedad mental es tan elevado, que seguramente conoces a alguien cercano, quizá hasta tú mismo, que haya padecido depresión o ansiedad (o la esté padeciendo), por nombrar dos de los problemas más frecuentes. La probabilidad de padecer un problema mental es tan alto que la Organización Mundial de la Salud (2005) ha declarado que:

- En todo el mundo, 450 millones de personas padecen de algún problema psicológico, psiquiátrico, neurológico o conductual, en algún momento de su vida.
- Las muertes por suicidio al año ascienden a: 873 000 personas (¡casi un millón de personas!)
- En el 2004, las investigaciones en Latinoamérica concluyeron que entre 15% y 23% de los niños y adolescentes sufren problemas de salud mental.

* De ellos, entre 3% y 4% han tenido desórdenes severos que requieren de tratamientos especiales. Vale la pena decir que un desorden mental no tratado puede llevar a uno más severo, a una mayor dificultad para tratar la enfermedad y con ello un mayor riesgo de recaídas.

❀ La Organización Panamericana de la Salud (OPS) declaró en el mes de octubre de 2005 que en América:

  * En 1990, 114 millones de personas sufrieron algún tipo de trastorno mental.

  * Se estima que en el 2010, esta cifra ascenderá a 176 millones de personas.

  * *En países desarrollados* (con sistemas de atención bien establecidos) entre 44% y 70% de las personas con trastornos mentales no reciben tratamiento.

  * *En países en vías de desarrollo* es aún peor: por falta de información ¡casi 90% de las personas con trastornos mentales carece de tratamiento!

¿Cuál es el costo de padecer alguna enfermedad mental?

Desafortunadamente no contamos con estimaciones de los costos para todos los trastornos mentales ni tampoco para todos los países. Sólo se cuenta con ciertos datos que a continuación anotamos:

Unión Europea. Según los precios vigentes en 2000, en Estados miembros de la Unión Europea el costo de los problemas de salud mental fue estimado entre 3% y 4% del Producto Nacional Bruto (PNB).

Estados Unidos. En el año 2000 se calculó que se gastaron US $148 000 millones de dólares para todos los trastornos mentales (precios de 1990). Los gastos por cuenta de los trastornos mentales llegaron a los US $85 300 millones en 1997, y US $11 900 millones de dólares por el abuso de sustancias.

Canadá. En el 2001 se calculó que el costo total de toda la carga de los trastornos mentales llegó por lo menos a $14 400 millones de dólares canadienses. De éstos $8 100 millones de dólares canadienses fueron atribuibles al concepto de productividad-pérdida mientras que $6 300 millones de dólares canadienses fueron por concepto de tratamientos. Los problemas de salud mental son una de las condiciones más costosas dentro de la salud en Canadá.

Gran Bretaña. En 1997 se estimó el costo agregado de los trastornos mentales en $32 000 millones de libras esterlinas (precios de 1996 y 1997), 45% de los cuales son imputables a la productividad-pérdida.

Hemos hablado hasta el momento de números (alarmantes), pero desafortunadamente no son los únicos gastos que se generan tras una enfermedad mental. El sufrimiento y el agobio lo sienten quienes los sufren, sus familiares, amigos y el contexto laboral. En esa medida, analicemos qué costos se generan en:

- Familia y amigos. Por ejemplo, el dolor, la aflicción y padeciendo de ver a un ser querido sufriendo y afectado en su funcionalidad general, por mínima que ésta sea. Por otra parte, también existe el hecho de hacerse cargo o realizar un cuidado no formal que los lleva, muchas veces, a ausentarse del trabajo. Como consecuencia algunas personas se aíslan y viven la angustia y el estigma de tener a algún ser querido padeciendo alguna enfermedad mental.

- Empleadores. Para ellos desciende la productividad en el lugar de trabajo, requieren hacer reajustes o iniciar una nueva selección y contratación de personal. En términos generales, el ambiente laboral se ve afectado, y en algunos casos aportan contribuciones al tratamiento.

▣ Sociedad. En su caso, existe una afectación desde el momento en que se destinan impuestos para los altos costos de la subsistencia de servicios en salud mental. También puede darse la exclusión social, que se presenta tanto en lugares públicos como en esferas cerradas.

> Si no necesitas trabajar para comer, necesitarás trabajar para tener salud. Ama el trabajo y no dejes que nazca la mala hierba de la ociosidad.
>
> WILLIAM PENN

México y nuestras estadísticas de población[12]

❁ Población total:	103 457 000 personas
❁ Expectativa de vida al nacer:	Hombres: 72 años
	Mujeres: 77 años
❁ Expectativa de vida saludable al nacer:	Hombres: 63.4 años
	Mujeres: 67.6 años

Datos de la encuesta nacional de psiquiatría, México, 2004

Fue realizada en las tres ciudades metropolitanas más grandes de la República: Monterrey, Guadalajara y ciudad de México. Presentamos a continuación algunos de sus resultados:

Las principales enfermedades psiquiátricas de la mujer mexicana son:

---

[12] Organización Mundial de la Salud (OMS) 2002.

▣ Ansiedad

▣ Fobias

▣ Depresión

No obstante que ha habido un incremento en el uso de servicios psiquiátricos se sabe que:

❂ Sólo dos de cada 30 personas, con tres o más padecimientos psicológicos, recibieron atención especializada.

Julio Frenk Mora, secretario de salud en el sexenio 2000-2006 comunicó que en México los padecimientos neuro-psiquiátricos ocupan el 5° lugar como carga de enfermedad, todo al considerar indicadores de muerte prematura y días vividos con discapacidad.

Éstas son algunas razones por las cuales las personas no suelen pedir ayuda profesional:

* Miedo al estigma de ser conciderado loco
* Desconocimiento de los beneficios de la atención psiquiátrica y psicosocial
* Falta de información sobre el tipo de ayuda que ofrecen los servicios

Asimismo, en la ciudad de México se detectó que sólo 20% de las personas con un trastorno de depresión crónica buscaron algún tipo de atención especializada.

¿Quiénes somos responsables de fomentar la salud mental?

El trastorno psiquiátrico más frecuente a nivel mundial es la depresión. Sin embargo, a pesar de ello, hay muchas dudas y malos entendidos al respecto. Debido a eso, deseamos aclarar algunos aspectos de ella.

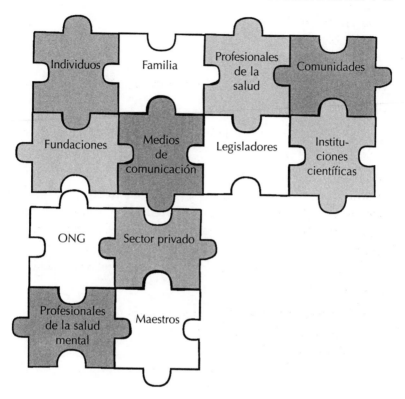

¿Quiénes somos responsables para fomentar la salud mental?

Capítulo 5

Depresión

L a depresión es más que sentirse triste; no es debilidad en el carácter, sino más bien una enfermedad tratable.

Es importante distinguir este padecimiento con tener un mal día, estar con la moral baja o, incluso, tener una semana de acontecimientos desafortunados que nos hacen sentir tristes y desganados.

La psiquiatra Irma Corlay, del Hospital de Especialidades del Centro Médico Nacional Siglo XXI del Instituto Mexicano del Seguro Social, declaró que en México al menos 40% de la población económicamente activa está deprimida. Pero por otro lado, las estadísticas oficiales de la Secretaría de Salud (SSA) refieren que de 12 a 20% de la población entre 18 y 65 años de edad (¡más de 10 millones de mexicanos!) están deprimidos o sufrirán algún episodio depresivo en algún momento de su vida.

¿Es fácil detectar si tengo depresión?

▣ Sí. Sin embargo, la mayoría de las veces el propio paciente no sabe lo que le sucede y simplemente se encuentra mal y las personas de su entorno son las que tienden más a darse cuenta; pero, desafortunadamente, muchas veces no le dan la atención ni la importancia que el padecimiento requiere.

▣ Aproximadamente 2/3 partes de quienes sufren depresión no se benefician de algún tratamiento; lo anterior como consecuencia de que sus síntomas:

- No han sido reconocidos
- Son etiquetados como personas de carácter débil
- Son tan incapacitantes que el paciente no puede buscar ayuda por sí mismo
- Son leves y le permiten a la persona continuar con sus actividades por lo que no considera primordial pedir ayuda
- Son mal diagnosticados y, así, mal tratados

¿Cómo sé si padezco depresión?

- Si por lo menos dos semanas has estado con un estado de ánimo deprimido y has perdido el interés o capacidad de sentir placer por lo que antes te lo causaba, podemos empezar a pensar que estás deprimido.
- Cuando estás deprimido cambian muchos aspectos de tu vida no sólo el físico, que es el más evidente por lo general, sino también el afectivo y el de tu pensamiento. Por ejemplo, si estás deprimido sabrás que:
  - Ya no disfrutas de las cosas como antes lo hacías (música, comida, compañía de amigos, ir al cine, ir de fiesta, actividad sexual, entre muchas otras actividades).
  - Tu estado de ánimo está deprimido, digamos que "a la baja", muy diferente de como solías estar.
  - Tu apetito ha cambiado a tal grado que te ha llevado a bajar o a subir de peso.
  - También tu sueño es diferente. Algunas personas refieren tener más sueño, pero otras mencionan el insomnio, ya sea al iniciar el sueño o bien se despiertan durante la noche o antes de lo acostumbrado y ya no pueden conciliarlo.
  - La energía también es menor: ya no tienes la misma vitalidad o entusiasmo para hacer las cosas, o bien, te fati-

gas o te cansas más rápido. Asimismo, simplemente no tienes ganas de hacer las cosas, por lo menos no como antes y probablemente esta situación vaya en aumento.

❁ Los sentimientos de culpa, los auto-reproches y sentimientos de falta de valor no se hacen esperar.

❁ Inclusive, en ocasiones uno llega a desear no estar vivo o hasta querer morir y tener un plan o intento para ello. Lo que se relaciona, sobre todo, con un estado de desesperanza.

❁ Uno se siente más sensible: las ganas de llorar son frecuentes.

❁ La concentración es menor (puedes estar leyendo algo y no tener idea de lo que acabas de leer; lo mismo sucede al ver la televisión o estar platicando con alguien).

❁ La distracción y apatía son comunes.

❁ Es muy probable que se esté más irritable; entre muchos síntomas más.

Si identificas por lo menos cinco de los síntomas anteriores, necesitas acudir con un psiquiatra o con un psicólogo.

Uno de los primeros puntos que debemos tocar es el de la farmacoterapia, porque la depresión es una enfermedad, y como tal requiere de medicamentos llamados psicofármacos. No olvides que buscar tratamiento es un signo de fortaleza, lo que equivale al primer paso para sentirte mejor. En ese contexto, como estás enfermo, necesitas acudir a tu médico; no se trata de debilidad personal o falta de control.

El objetivo del tratamiento con psicofármacos suele ser para manejar los síntomas físicos y emocionales (el estilo de pensar y afrontar las situaciones lo maneja la psicoterapia, aunque también tiene efecto sobre los síntomas, como lo veremos más adelante), permitiendo que el paciente se sienta mejor y regrese a su rutina diaria normal. De ahí que sea muy importante que no se suspenda el medicamento hasta que el psiquiatra lo indique, porque aunque se sienta bien, requerirá continuar tomándolo.

Cabe muy bien decir que puede ser que el primer tratamiento que un psiquiatra indique no haga a un paciente sentirse mejor; en tal caso, habrá que ensayar otros medicamentos, pero no quiere decir que no funcionará ninguno: simplemente hay que encontrar cuál responde mejor a su organismo.

Esto es normal. No tiene que ver con que el psiquiatra no sepa manejar la depresión o que el paciente no responda a ningún psicofármaco. Hay muchos tipos de antidepresivos; por ejemplo, algunos dan más energía, otros ayudan a atacar la depresión, otros más tienen indicaciones específicas según cada caso y es necesario encontrar "el propio". No vale la pena desesperarse. Igualmente, hay que tomar en cuenta que la mayoría de las personas comienzan a sentirse mejor después de varias semanas.

El medicamento necesita tiempo para realizar los cambios internos necesarios en el cerebro. Por lo que normalmente hay que esperar dos semanas para comenzar a ver mejoría. El medicamento está actuando en la bioquímica cerebral, pero física y emocionalmente se notará a partir de la segunda semana.

Asimismo, la recuperación no sigue un curso uniforme, es decir, no se experimenta mejoría completamente de repente. Se empezará a notar ligeras mejorías en algunos síntomas hasta que haya días "buenos" y días "malos" y cada vez la mejoría vaya siendo mayor. Inclusive, aunque se haya mejorado considerablemente puede haber días "malos", es normal. Algunos pacientes requieren de tomar un antidepresivo acompañado de algún otro medicamento.

Por ejemplo, para disminuir la ansiedad (ansiolítico o tranquilizante); para controlar síntomas psicóticos (antipsicótico), esto es, cuando presenta pérdida de contacto con la realidad; para combatir el insomnio (hipnóticos) o bien, litio, un medicamento que también ayuda a controlar el ánimo en caso de la presencia de una depresión bipolar.

Si el paciente tiene una depresión muy severa y no puede tomar medicamento por alguna enfermedad física, como problemas cardiovasculares o existe un embarazo, se recomienda la terapia electroconvulsiva. Numerosas personas creen que es una opción aterradora, pero en realidad no lo es. Cuando se aplica de forma indicada produce gran beneficio. Por otra parte, antes de aplicarla se anestesia al paciente, por lo que no convulsiona. Hay que decir que muchos pacientes han mejorado gracias a este tratamiento.

Mitos y miedos alrededor de los antidepresivos

◉ Antes que nada vale la pena mencionar que los antidepresivos no son adictivos; no te haces dependiente de ellos, no son de ese tipo de medicamentos.

◉ Tampoco los tendrás que tomar por siempre, sólo por un periodo determinado, por lo menos un año, para prevenir una recaída.

◉ Los antidepresivos no te elevan o te ponen eufórico, además tardan en hacer su efecto, como ya hemos mencionado.

◉ Es momento de compartir algo muy importante para lograr que el tratamiento se lleve con buen éxito, por favor continúa leyendo. Los antidepresivos suelen generar efectos secundarios o colaterales.

◉ Estos efectos suelen presentarse antes de que el paciente perciba la mejoría. Recuerda que primero se generan cambios dentro del cerebro. Los efectos secundarios son molestos, pero en la mayoría de los casos son tolerables, son transitorios, tienden a desaparecer y el paciente comienza a percibir la mejoría de la depresión. Cuando ocurren los efectos secundarios es importante informárselo al psiquiatra y no suspenderlos por uno mismo.

Con frecuencia un cambio sencillo, como ajustar la dosis o tomar la medicina con (o sin) alimentos, puede eliminar el problema, o en otras ocasiones se tratará de recibir algún otro medicamento para eliminar la(s) molestia(s).

▣ Pero si no fuera así existen muchos antidepresivos que el médico puede indicar en caso de que las molestias persistan después de una semana o diez días. Recuerda que en ocasiones hay que probar más de un tratamiento para saber cuál es el indicado para tu organismo.

¿Cuáles son los efectos secundarios comunes de los antidepresivos?

✿ Náusea

✿ Mareos

✿ Dolores de cabeza

✿ Pérdida del apetito

✿ Decremento en el interés sexual

✿ Bostezos

✿ Diarrea

✿ Somnolencia

✿ Aumento de peso

✿ Boca seca, entre otros

(El tipo de efectos dependerá del antidepresivo que tomes, pregúntale a tu médico.)

---

* Existen muchos tipos de psicoterapias, pero la única que ha demostrado cambios en la bioquímica cerebral idénticos a los psicofármacos es la terapia cognitivo-conductual.

* En estudios con tomografía por emisión de positrones (PET, por sus siglas en inglés) donde se ve al cerebro en funcionamiento (y la de mayor sofisticación de su tipo), se ha logrado evidenciar que pacientes que reciben tratamiento farmacológico y/o terapia cognitivo-conductual generan cambios idénticos en las mismas zonas cerebrales y en las mismas sustancias bioquímicas (neurotransmisores); al grado de

que los expertos al analizar las tomografías no pueden reconocer qué tipo de tratamiento recibió el paciente, si psicofármacos o terapia cognitivo-conductual.

Esto es sumamente interesante porque implica saber que si un paciente toma un medicamento que va a modificar una sustancia específica en su cerebro, como la serotonina (neurotransmisor implicado en la depresión), ésta cambia y hay una mejoría; entonces el medicamento está haciendo adecuadamente su función. Pero, al generarse los mismos cambios sin tomar nada (medicamento), y en su lugar aprende a identificar qué síntomas presenta y cómo se llaman, reconoce que "no son las situaciones las que lo agobian sino la forma como las interpreta" y empieza a "escuchar" a su pensamiento para detectar qué tipo de errores en ese sentido suele tener, entonces va a poder atacarlos. Porque entre mejor conozcas a tu enemigo más hábil eres para vencerlo, no lo olvides. Así, una vez que "conoces a tu enemigo", o sea los elementos que comprenden a tu depresión y que sí puedes modificar, es decir, tus pensamientos y tus conductas depresivas, vas a poder atacarlos.

Quizá haya otras circunstancias que contribuyan a tu depresión (una pérdida, enfermedades, conflictos financieros, etcétera) y este tipo de circunstancias no siempre podemos modificarlas a nuestro gusto; no obstante, nuestros pensamientos dependen de nosotros y esos sí podemos modificarlos, sólo necesitamos saber cómo. Por eso, el siguiente paso en la terapia cognitivo-conductual es aprender técnicas específicas para modificar los pensamientos que me llevan a hacer cambios pequeños, pasito a pasito, en mis conductas depresivas, haciéndolo "de la mano" con mi terapeuta cognitivo-conductual.

En conclusión, lo que todo lo anterior implica es que se puede tomar un medicamento efectivo y esperar a que haga efecto (en promedio dos semanas). Pero también se puede tener una participación activa en el sufrimiento y aprender a reconocer qué es lo que sucede en uno para sentirse mal, aprender a atacarlo y ¡hacerlo!, paso a paso, para lograr los mismos resultados.

◈ ¿Te das cuenta lo que esto implica? Que puedes tener una ayuda externa para salir del problema, pero que la solución está en ti. Que no necesitas depender de un terapeuta ni de nadie para sentirte bien. Como es esperado, al inicio necesitas de tu terapeuta para aprender; quizá después de un tiempo necesites recordar con él algunas cosas que hayas olvidado, pero el aprendizaje y cambio están dentro de ti. Con la realización de este tipo de terapia tú mismo modificas tu bioquímica cerebral. Esto obligadamente aumenta tu autoestima, tu autoconfianza y tu autoreconocimiento.

◈ Finalmente, los psicólogos y los psiquiatras decimos que muy frecuentemente el mejor tratamiento para personas con depresión, y otros problemas, es recibir combinación de psicofármacos y de terapia cognitivo-conductual.

Sin embargo, mientras tu tratamiento (farmacológico y/o terapéutico) comienza a hacer efecto, es crucial que para tu recuperación, y después para su mantenimiento, realices ciertos cambios en tu modo de vida:

1. Mantener un calendario diario uniforme.
2. Tomar tus medicamentos como te han sido prescritos.
3. No te presiones con reanudar tus actividades, pues seguramente las has descuidado en alguna medida, ya que te puede resultar difícil ir a trabajar, estudiar, estar al corriente de tus quehaceres o incluso levantarte de la cama. Restablece tus responsabilidades de forma lenta y gradualmente.

4. Fíjate metas realistas, no intentes darle solución a todo al mismo tiempo o de manera inmediata.

5. Pide ayuda cuando lo necesites. No olvides que todos la necesitamos en algún momento.

6. Acude regularmente con tu psicólogo o psiquiatra, aun después de haber recuperado a la persona que solías ser.

7. Duerme adecuadamente, acuéstate y levántate aproximadamente a la misma hora cada día.

8. Mantén una dieta balanceada, aunque no tengas hambre. Y si tu apetito es mayor, procura comer cosas que no te engorden en caso de que no te puedas abstener.

9. Haz ejercicios aeróbicos con regularidad, actívate pero no te agotes.

10. Antes de tomar una prescripción, o una nueva medicación, acude a tu médico e infórmale de todos los medicamentos que estás utilizando.

11. Discute sobre el uso social del **alcohol con tu médico**, ya que algunos medicamentos antidepresivos podrían contraindicar su utilización.

12. En todo caso, evita el exceso de alcohol o el abuso de otras drogas.

13. Trabaja para formar y mantener las amistades y una red de apoyo social. Es fácil que desees aislarte, pero no lo hagas.

14. Trabaja obedientemente en las indicaciones de tu médico.

15. Acepta que puede haber contratiempos.

16. Distráete con actividades alegres, **no** veas programas, películas o escuches música triste o que te genere angustia.

17. No tomes decisiones importantes. No analizarías las situaciones objetivamente, pues tienes una emoción negativa muy intensa aunque transitoria; recuerda que podrás tomar estas decisiones más adelante.

¿Todos manifestamos la depresión de la misma forma?

▣ **No.** La depresión puede presentarse de varias maneras, por ejemplo:

- Algunos episodios aparecen repentinamente, sin ninguna razón aparente; sin embargo, muchos se presentan tras una pérdida significativa.

- Algunos son precipitados por un evento estresante para la persona.

- Algunas personas tienen un episodio depresivo en toda su vida; otras experimentan episodios recurrentes.

- Muchas personas no pueden funcionar de forma normal debido a la severidad de los síntomas depresivos.

- Hay quienes experimentan síntomas crónicos que no interfieren con su funcionamiento, pero los mantiene sintiéndose mal.

- Algunas personas padecen de trastorno bipolar (conocido popularmente como enfermedad maniaco-depresiva) y experimentan ciclos de depresión y de elevación inapropiada y exagerada en su estado de ánimo (euforia).

En el trabajo se suele reconocer por:

- Decremento en la productividad
- Menor cooperación
- Accidentes
- Ausentismo
- Quejas frecuentes de sentirse cansado todo el tiempo
- Quejas por dolores inexplicables, sin razón aparente
- Errores frecuentes aun ante tareas simples
- Abuso de alcohol o alguna otra droga

> Algunos creen que para ser amigos basta con querer, como si para estar sano bastara con desear la salud.
>
> ARISTÓTELES

Guía para familiares y amigos: no sólo el paciente sufre, también las personas que lo rodean

> Ya estoy cansado, la he apoyado en todo lo que he podido, me he hecho cargo de los niños hasta donde mi trabajo me lo permite, la consiento en todo; ya no tenemos vida sexual, no se preocupa de lo que me pasa. No puedo más. Me cuesta trabajo decirlo, pero creo que quiero salir corriendo. (Declaración de un familiar de persona deprimida.)

Estos sentimientos son normales y muy frecuentes en las personas que rodean a una persona con depresión. A veces, aunque queramos a la persona no sabemos cómo ayudarle, incluso hacemos cosas que refuerzan el problema, sin desearlo y sin entender cómo. Por eso, en la vida no sólo hay que querer: hay que querer bien. Aquí te compartimos algunos consejos para ayudarte en estos casos.

RECUERDA que las personas deprimidas suelen tener especial atención por los aspectos tristes, dificultándoseles más ver los positivos, a esto se le llama "visión de túnel". Es complicado pedirle a un deprimido que nos explique lo que piensa sobre las cosas porque, en general, no sabe lo que le pasa.

Le cuesta trabajo tener una mente organizada, concentrada y atenta, aunado a la visión de túnel con la que vive. "Cuando insistes en saber qué me pasa me ayudas a convencerme aún más de que no me entiendes y pienso que sólo ocasiono problemas, por eso a veces me llego a irritar o a aislar aún más".

Es esencial que adoptes una actitud comprensiva y abierta y que permitas que se desarrolle el diálogo (en la medida de lo posible). No intentes argumentarle que vea la realidad con objetividad, porque no podrá. "Por favor entiéndeme, no estoy así por gusto, yo intento no sentirme así y no ver las cosas tan negativamente, pero no puedo". (Palabras de una persona con depresión.) Es muy conveniente transmitirle a la persona deprimida el sentimiento de que la quieres y de que tienes interés en ella, sin agobiarla y manteniendo una actitud de espera activa; no presionando, pero estando ahí por si pide ayuda y convencido de que saldrá de su situación.

En muchos casos no servirá de nada que le digas que se anime o que se involucre en actividades, porque lo que suponga un esfuerzo no está en sus manos ("¡échale ganas!"). Depende de la gravedad de la depresión, pero aunque suene exagerado o inverosímil hay cosas que no puede hacer, ¡cómo divertirse! En verdad, aunque sean actividades como pasear, ir al cine, salir de compras le cuestan trabajo; mucho más si se trata de otras como ir a trabajar, leer, socializar, etcétera.

Es muy frecuente en estas personas (y normal) que cuando acuden con un psiquiatra tengan que probar más de un tipo de medicamento antes de encontrar la mezcla correcta, pues muchos antidepresivos y psicofármacos generan efectos secundarios. Por lo que hay que esperar a ver qué tanto tolera estas reacciones el paciente. Ayuda a tu familiar o amigo y aliéntalo a continuar con el tratamiento hasta que comience a sentir alguna mejoría.

No intentes actuar como si nada pasara: "Por favor, no me ignores, me siento mal y no sé qué hacer ni cómo expresarlo, si me aíslo o me irrito, como generalmente lo hago, me siento peor, ayúdame". (Declaración de una persona con depresión.)

Las personas con depresión tienen mayor riesgo de cometer un suicidio. Cualquier asunto relacionado a un riesgo suicida debe siempre de tomarse con seriedad y debe ser evaluado por un psiquiatra inmediatamente. Recuerda que no hay peor ciego que el que no quiere ver.

Por favor, si tu familiar o amigo te ha expresado ideas suicidas, como "antes deseaba no despertar o que me ocurriera un accidente y muriera, pero ahora, si tuviera una pistola me mataría"; "¿sabes cuál es la forma más efectiva para quitarte la vida? Yo he estado investigando y si intentara (hacer algo) no fallaría"; "...te voy a decir dónde está mi testamento y todos mis documentos de valor por si algún día me muriera...", llama a un psiquiatra de inmediato. No minimices ese comentario, no reacciones de manera insuficiente ni esperes a que pase "la crisis". Mantén la comunicación con él haciéndole preguntas directas que muestren tu interés y haciéndole saber que su vida es muy importante y valiosa para ti. Además, sigue al pie de la letra las indicaciones del psiquiatra.

RECUERDA que estas ideas suicidas, así como los demás síntomas, son parte de una enfermedad muy común pero que hay tratamientos eficaces disponibles.

Lo bueno de la tristeza	Lo malo de la tristeza excesiva
❀ Nos enseña que ciertas situaciones son contraproducentes y podemos aprender de nuestros errores.	❀ Nos hace darle vueltas y vueltas a los fracasos y nos inhabilita.
❀ Atrae la atención y empatía de los demás.	❀ Cansa a cualquiera: cansa, da flojera, aburre, le rehuyen...
❀ Nos protege (momentáneamente) de la agresividad de los demás.	❀ Nos rechazan por hartazgo o nos hace parecer débiles... se pueden aprovechar más de nosotros.
❀Aprendemos a ser empáticos y comprensivos con la tristeza de otros, porque ya sabemos lo que se siente.	❀ Nos hace ser demasiado sensibles ante cualquier evento.

La depresión puede llegar a ser mortal y el suicidio es el camino. Si bien no siempre es posible prevenir el suicidio, sí disminuye su probabilidad eliminar de la casa pistolas, alcohol y medicamentos innecesarios. Por más que te desespere una persona con estos síntomas no lo dejes solo. Si ya no sabes qué hacer y has intentado todo no olvides siempre hay algo más qué hacer, por ejemplo, pide ayuda a un psicólogo o a un psiquiatra.

Anima a toda la familia para que se involucre en el proceso de recuperación e incluye a los amigos si no están disponibles los familiares. Cuando una familia se esfuerza en equipo para pasar por tiempos difíciles es más fácil para cada uno de sus miembros enfrentar los problemas.

Nueve consejos para ayudar a una persona deprimida

1. Reconoce los síntomas. La depresión tiene muchos síntomas diferentes. El primer signo de depresión suele ser un cambio de la conducta habitual de la persona, por ejemplo, se puede volver irritable o retraída o puede comenzar a tener problemas con el sueño o el apetito. La depresión afecta su estado de ánimo, su autoestima y la persona presenta pensamientos negativos: "Yo no puedo hacer eso, yo no soy bueno en realidad"; "no va a resultar bien".

2. Convence a tu ser querido –deprimido– de someterse a algún tratamiento.

3. Dile que es amado, que merece sentirse mejor y que lo logrará con un tratamiento adecuado.

4. Si la persona deprimida no está funcionando, acompáñalo a su tratamiento hasta que su funcionamiento normal se recupere.

5. Si la persona deprimida es muy joven o demasiado enferma para proporcionarle la información necesaria a su mé-

dico, actúa como fuente de información o avísale a alguien más cercano que pueda informarle al médico lo que se requiera.

6. Si la persona manifiesta ideación suicida, alucinaciones o delirios, avísale a su médico para tramitar una hospitalización.

7. Si está funcional, pero se resiste al tratamiento busca ayuda de otros –amigos, médicos, pastores, sacerdotes– que puedan convencerlo de que el tratamiento es necesario.

8. No te des por vencido demasiado pronto, ya que la persona deprimida puede necesitar escuchar más de una vez de diferentes personas que merece sentirse mejor y que puede lograrlo con el tratamiento apropiado.

9. Mantente cerca y en comunicación directa con su psiquiatra o psicólogo, por lo menos al inicio, en lo que comienza a mejorar.

Consejos para cuando nos sentimos tristes

Lo que sí	Lo que no
❀ Aceptar estar triste	❀ Rechazar la tristeza
❀ Expresar la tristeza con medida	❀ Poner buena cara a toda costa
❀ Continuar ocupado	❀ Permanecer postrado
❀ Hacer actividades agradables y placenteras	❀ Ver películas o escuchar canciones tristes
❀ Pedir consejo a buenos amigos	❀ Rechazar todo tipo de ayuda

Lo prohibido con alguien deprimido

No hacer	No decir
❀ No la excluyas de los asuntos y discusiones familiares.	❀ "Pero si no te ves tan deprimido, yo te veo bien."
❀ No trates de hacer todo por ella, aunque eso parezca ser la mejor forma de ayudar.	❀ "Pero si tienes tantas cosas buenas, disfrútalas y verás que te vas a sentir mejor."

☞ continúa

☞ continuación

❀ Si bien puede ser incapaz de hacer todo, aceptar algunas responsabilidades puede mejorar su autoestima.

❀ Un signo de alarma de que se está tratando de hacer demasiado es decir "No, no lo hagas, lo haré yo"; en particular después de que la persona deprimida ha comenzado la tarea. Al menos trata de darle la oportunidad de terminar lo que empezó.

❀ No critiques o culpes a la persona deprimida por su comportamiento depresivo.

❀ No esperes que la persona simplemente se "deshaga" de la depresión.

❀ No tengas miedo de hacer preguntas.

❀ Con la depresión, muchas personas necesitan aprender a preguntar y a aceptar ayuda exterior por primera vez en sus vidas, o bien, pueden tener pensamientos acerca de matarse; no temas preguntarlo.

❀ No lo instigues a tomar decisiones importantes. Es el peor momento para hacerlo, la persona se encuentra bajo un estado intenso de emoción dolorosa que le impide pensar con claridad y objetividad.

❀ "Anímate, necesitas salir más."

❀ "Sonríe para que la vida te sonría."

❀ "Tómate un baño caliente, eso es lo que yo hago cuando me siento mal."

❀ "Bueno, todos nos sentimos tristes o deprimidos de vez en cuando, ya verás que pronto se te quita, simplemente no le prestes mucha atención y ya verás".

❀ "¿Cuál es 'tu' problema?"

❀ "Deja de sentir lástima por ti mismo, vales mucho."

❀ "Todo está en tu mente."

❀ "¿Por qué quieres ver todo negro? ¿No crees que es un día bonito?"

❀ "Nadie dijo que la vida era fácil… hay que luchar."

❀ "Lo que necesitas es sentir en realidad las dificultades de la vida, lo que te pasa no son problemas de verdad."

❀ La verdad, pensé que eras más fuerte, no te dejes caer, tú puedes."

❀ "A tu edad deberías estar disfrutando de la vida, no te amargues."

La comunicación evidentemente puede ser destructiva: produciendo dolor o culpa, o constructiva: aumentando la cercanía y la comprensión.

Cuando una persona está deprimida es importante hacer cualquier esfuerzo para encontrar formas positivas y constructivas de compartir sentimientos. Trata de ser claro en lo que dices durante una discusión o una simple plática. Tu ser querido necesita escuchar frases que no apoyen su visión negativa de sí mismo, de los demás y/o del futuro, pero es frecuente que no sepamos cómo hacerlo. Por eso, a continuación te damos algunas recomendaciones sobre la manera más conveniente de tratarlo.

Antes, vale la pena que recuerdes que la depresión es una enfermedad y que, con el tratamiento adecuado, la persona se recupera relativamente pronto.

Lo recomendado con alguien deprimido

Sí hacer	Sí decir
❧ Permite que exprese sus preocupaciones y muestra simpatía con sus sentimientos, pero trata de no enfatizar temores exagerados.	❧ "¿Sabes que me importas?... ¡y mucho!"
	❧ "¡Te quiero!"
❧ Aunque el tratamiento será de ayuda, también lo serán el interés, la comprensión y la paciencia de quienes están relacionados con la persona deprimida. ¡Dáselo a tu ser querido!	❧ "Tú no estás solo en esto, cuentas conmigo."
	❧ "No te voy a dejar / abandonar."
	❧ "¿Quieres que te abrace?" "¿Te puedo abrazar?"
❧ Menciona con sinceridad, pero con respeto lo que piensas.	❧ "Si todo esto es importante para ti, para mí también lo es: aquí estoy".
❧ Evita usar adjetivos denigrantes o llamar la atención sobre sus debilidades conocidas o temas sensibles.	❧ "Esto va a pasar, pero mientras eso sucede lo vamos a enfrentar juntos."
	❧ "No te preocupes, toma mi mano o abrázame mientras lloras."

☞ continúa

☞ continuación

◈ Mantente en el presente, no desentierres ofensas del pasado.

◈ Escucha activamente: repite en sus propias palabras lo que él ha dicho.

◈ Pero no si son ideas negativas. Recuerda que el deprimido tiene una visión negativa (gris) sobre él mismo, el mundo y el futuro. ¡No se lo refuerces!

◈ Si tú estás equivocado en algo, admítelo.

◈ Mantén tus expectativas realistas.

◈ Es difícil resolver un problema de la noche a la mañana, pero con tiempo y esfuerzo puedes lograr una mejor comunicación y encontrar soluciones viables y, seguramente, con la ayuda de un psiquiatra, psicólogo, familiares y amigos.

◈ "¡Oye, tú no estás loco(a)!"

◈ "Haz que la fortaleza del pasado te ayude para el futuro, aunque parezca difícil, de todas formas no estás solo."

◈ "Entiendo tu dolor, imagino que no la estás pasando nada bien."

◈ "Acompáñame a la reunión y nos salimos de ésta cuando tú lo decidas, sólo quiero que nos distraigamos juntos un rato, ¿te parece?"

Desde el corazón: la historia de una persona que tuvo depresión

Quiero contarte mi historia porque mientras tuve depresión viví momentos muy difíciles que creí que nunca terminarían, por favor lee mi relato.

Realmente no me di cuenta cómo empecé a estar mal, yo creo que esto fue poco a poco hasta que noté que me costaba trabajo realizar de manera natural mis actividades.

Llegó el momento que casi todo el día, casi todos los días me sentía con ánimo triste, en ocasiones irritable, digamos que era algo así como sentirme realmente sin ganas; me di cuenta de que lo que usualmente me gustaba ya no me llamaba tanto la atención, ya no lo gozaba de la misma manera, ni la música, ni la comida ni estar con amigos, ni mi trabajo, ni los programas de televisión ni casi nada; y esta situación cada vez fue empeorando más. Hasta el punto en que llegué a sentir que no me importaba nada; fue tan intenso y real que llegué a creer que no volvería a sentirme interesado por nada. Después mi familia me comentó que notaba que yo ya no hacía las cosas con el gusto de antes y que dejaba de hacer lo que me gustaba, pero pensaron que era algo sin importancia y pasajero.

Yo tenía ganas de llorar muy fácilmente, digamos que me hice como "más sensible". Mi médico me explicó, tiempo después, que algunas personas sienten molestias en su cuerpo como dolores en el cuerpo, de cabeza, etcétera. O bien, se vuelven más irritables, como a mí también me pasó. Comencé a tener menos paciencia ante las circunstancias, me molestaba con mayor facilidad por cosas realmente sin importancia.

Mi apetito disminuyó, no tenía mucha hambre, además de que no disfrutaba mucho de la comida, aunque fuera mi favorita. En ocasiones dejaba de comer, por lo que comencé a bajar de peso. Un día que acudí con mi psiquiatra, una paciente también con depresión me dijo que a ella le pasaba lo contrario con su apetito: le daba más hambre (se le antojaban mucho los dulces y carbohidratos) y al contrario: subió de peso.

Con mi sueño me pasó lo que a la mayoría de las personas deprimidas: me dio insomnio. Me despertaba a la mitad de la noche y me costaba mucho trabajo volverme a dormir, o bien me despertaba mucho más temprano y no podía volver a dormir. En ocasiones me costaba mucho tiempo quedarme dormido desde el inicio de la noche, y sólo daba vueltas y vueltas. A la muchacha deprimida que les platico le ocurrió al contrario que a mí: le daba mucho sueño, al grado que se la pasaba dormida casi todo el tiempo; mi doctor me dijo que eso se llama hipersomnia.

Mi familia también notó que me hice como más lento, me movía y realizaba mis actividades como si lo hiciera más despacio. Por ejemplo, me tardaba en contestar en una plática, demoraba en mi arreglo personal que, además, no me daban muchas ganas de hacerlo, en fin, todo era más despacio. Sin embargo, la otra paciente deprimida se la pasaba moviéndose constantemente; ella movía su pierna, sus manos, caminaba de un lugar a otro sin poderse quedar sentada mucho tiempo, pues ella además de depresión tenía angustia.

Me sentía cansado, sin energía, como *con la pila baja*, aunque no hiciera nada. Actividades muy simples me agotaban mucho y se me hacían muy pesadas y difíciles de realizar; bueno, simplemente con pensar que tenía que hacerlas me sentía peor y si las tenía que hacer inevitablemente, me tardaba mucho para terminarlas. Mi vida laboral y familiar se afectó mucho. Por eso te insisto en que no dejes de buscar ayuda lo antes posible.

Otra cosa que me sucedió fue que comencé a ver "todo negro"; pensaba que ya no valía nada, que era un estorbo para los demás, me sentía muy culpable. No creía que las cosas fueran a mejorar, sino por el contrario; y sentía que los demás sólo eran amables conmigo por compasión o que me trataban mal; aunque ahora entiendo que no lo hacían, sino que yo veía todo de manera muy negativa.

Yo creo que también me sentía peor porque noté que concentrarme y tomar decisiones era más difícil; mi memoria me fallaba tan fácilmente que podía dejar las llaves pegadas a la puerta sin darme cuenta o dejar comida fuera del refrigerador y notarlo hasta percibir el mal olor porque ya estaba echado a perder. Por supuesto que cada vez que me ocurrían cosas así yo no dejaba de reprocharme y culparme por todo lo malo que hacía, digamos que normalmente no me hubiera reclamado ni culpado tanto como en esos momentos lo hacía.

Me sentía tan inútil que comencé a desear estar muerto. Al inicio fantaseaba con que me pasaba un accidente, etcétera, hasta que empecé a pensar cómo me mataría. La razón por la que yo llegué a un tratamiento fue por haber cometido un intento suicida. No veía ninguna solución, me sentía muy mal y cada vez peor; pensé que era lo mejor. Ahora me siento bien, me he recuperado después de seguir mi tratamiento como mi médico me lo indicó.

Por favor, no dejes pasar el tiempo, recuerda que si hay solución y tratamientos muy eficientes, te lo digo yo que pasé por lo que tú estás viviendo e igual que tú, pensé que mi sufrimiento no tendría fin.

> La capacidad de entusiasmo es signo de salud espiritual.
>
> GREGORIO MARAÑÓN

> Recesión es cuando tu vecino se queda sin empleo; depresión es cuando lo pierdes tú.
>
> RONALD REAGAN

Capítulo 6

Suicidio

¿Qué es el suicidio? ¿Qué tan grave es en México?

- El suicidio es acabar con la propia vida por decisión propia (no accidente).
- Es reconocido que de 1% a 2% de los sujetos que realizan un acto suicida, lo hacen durante el primer año que intentan el suicidio y entre 10% a 20%; en el resto de sus vidas.
- Se calcula que por cada muerte por suicidio se producen entre 10 y 20 intentos fallidos, que se traducen en lesiones, hospitalizaciones y traumas emocionales y mentales.
- El suicidio es un problema de salud pública que provoca casi el 50% de las muertes violentas, lo cual asciende a casi un millón de personas que muere al año por suicidio en todo el mundo.
- En México sobresale el incremento en el número de las muertes autoprovocadas.
- El Instituto Nacional de Estadística Geografía e Informática (INEGI) reveló que en México los suicidios prácticamente se duplicaron en una década.
- En 1990 se registraron 1,405 muertes, pero ascendieron a 2,736 en el 2000.
- En el 2003 los registros fueron aún más alarmantes: ¡3,327 casos!

◈ El suicidio es un problema de salud pública que provoca casi 50% de las muertes violentas, lo cual asciende a poco menos de un millón de víctimas al año. Esto representa un costo de miles de millones de dólares (OMS, 2005).

◈ Le Galès-Camus, Subdirectora General de la OMS para Enfermedades No Transmisibles y Salud Mental, declaró que el suicidio quebranta emocional, social y económicamente a familiares y amigos de quien lo comete. Y que se cometen más muertes por suicidio que por la suma de homicidios y guerras.

◈ Entre los países que informan sobre la incidencia de suicidios, las tasas más altas se dan en Europa del este mientras que las más bajas, sobre todo en América Latina, los países musulmanes y unos cuantos países asiáticos. Se dispone de poca información sobre el suicidio en los países africanos.

◈ Se calcula que por cada muerte atribuible a esa causa se producen entre 10 y 20 intentos fallidos, que se traducen en lesiones, hospitalizaciones y traumas emocionales y mentales, pero la OMS no dispone de datos fiables sobre el verdadero alcance. Las tasas tienden a aumentar con la edad, pero recientemente se ha registrado en todo el mundo un aumento alarmante de los comportamientos suicidas entre los jóvenes de 15 a 25 años.

◈ Exceptuando las zonas rurales de China, se suicidan más hombres que mujeres; pero en la mayoría de lugares los intentos de suicidio son más frecuentes entre las mujeres.

◈ En la mayoría de los países de Europa el número anual de suicidios supera al de víctimas de accidentes de tránsito. En 2001 los suicidios registrados en todo el mundo superaron la cifra de muertes por homicidio (500,000) y por guerras (230,000).

◈ El comportamiento suicida puede deberse a un gran número de causas complejas que muchas veces se mezclan entre sí:

▣ Pobreza
▣ Desempleo
▣ Pérdida de seres queridos
▣ Discusión
▣ Ruptura de relaciones
▣ Problemas jurídicos o laborales
▣ Antecedentes familiares de suicidio
▣ Abuso de alcohol y estupefacientes
▣ Maltratos en la infancia
▣ Aislamiento social
▣ Determinados trastornos mentales, como la depresión y la esquizofrenia, también tienen gran influencia en numerosos suicidios.
▣ Enfermedades orgánicas y el dolor discapacitante también pueden incrementar el riesgo de suicidio.

Los métodos más empleados para suicidarse son los plaguicidas, las armas de fuego y diversos medicamentos, como los analgésicos, que pueden resultar tóxicos si se consumen en cantidades excesivas. En este sentido, una novedad reciente es la decisión de muchas empresas farmacéuticas de comercializar los analgésicos en blísteres y evitar los frascos, más fácilmente accesibles; medida ésta con gran incidencia en la elección de ese método de suicidio. En la actualidad la atención se centra en evitar el acceso a los plaguicidas y en mejorar la vigilancia, la capacitación y la acción comunitaria en relación con su manejo, por ejemplo en lo referente a la seguridad de su almacenamiento y a las diluciones de los productos. Los plaguicidas son una causa especialmente frecuente de las muertes por suicidio en las regiones rurales de China. Por otra parte, las restricciones del acceso a las armas de fuego se han acompañado de una reducción de su uso con fines suicidas en algunos países.

¿Qué influye para que una persona decida cometer suicidio?

Es importante destacar que si comparáramos la depresión con la desesperanza, una persona que sufre de mayor desesperanza tiene mayor riesgo de cometer suicidio. La cuestión es que cuando la persona está deprimida comienza a vivir, como un síntoma más, desesperanza. Ésta no es el único elemento que puede llevar a una persona a cometer suicidio; también se puede deber a una respuesta de gran *enojo*, a una actitud *histriónica* (llamar la atención) o bien, como consecuencia de experimentar *alucinaciones*.

Además existen otras variables, pues el riesgo suicida varía enormemente según los factores demográficos y culturales (entre ellos, la edad, el género, la religión, el nivel socioeconómico) y el estado mental. Asimismo, está influido por la disponibilidad de los métodos usados para consumarlo.

Pero existen factores de protección contra la conducta suicida (tanto para los intentos como para los suicidios consumados):

❀ Una alta autoestima
❀ Relaciones sociales nutridas y sanas, sobre todo con los familiares y amigos
❀ Una relación estable de pareja
❀ Las creencias religiosas o espirituales

En caso de que una persona padezca algún tipo de trastorno en su salud mental, principalmente depresión (incluyendo al trastorno bipolar), alcoholismo y esquizofrenia, es indispensable una identificación del mismo para su correcto diagnóstico y tratamiento adecuado.

El suicidio se puede evitar, pero se requiere de un trabajo integral de sociedad, especialistas médicos, medios de comunicación, fundaciones, iniciativa privada, ONG y el individuo mismo para lograrlo. Si todos trabajamos poniendo la pieza de rompecabezas que nos corresponde, podremos tener mejores resultados para el beneficio de todos y cada uno de nosotros.

Falsas creencias comunes acerca del suicidio

"Los intentos o gestos suicidas no deben ser tomados con seriedad, pueden ser sólo intentos por llamar la atención."

◙ Cualquier intento suicida debe ser considerado como serio por lo menos por tres razones:

1. La persona puede calcular mal el tiempo y morir aunque no haya sido su deseo.
2. Si el intento no recibe atención de las demás personas, y el psiquiatra no interviene efectivamente, la persona puede realizar intentos cada vez más extremos hasta que alguno de ellos se consume con la muerte.
3. La persona puede realmente estar deseando morir.

"Si uno habla abiertamente acerca del suicidio con la persona deprimida, existe mayor riesgo de que lo cometa: le voy a dar ideas."

◙ Muchas personas tienen miedo de hablar respecto del suicidio por temor a dar ideas que no se habían considerado previamente. Pero, ¿sabes una cosa?, diversos reportes indican que las discusiones explícitas acerca del suicidio disminuyen el *riesgo* de cometerlo más que de aumentarlo. Es importante hacer hincapié en que cuando una persona comienza a hablar sobre el suicidio y la muerte, ya lo ha pensado mucho, antes de decírtelo.

◙ A pesar de ello, al hablar del deseo o impulso por suicidarse no lo hace necesariamente desaparecer. Esto es sólo el primer paso. Por eso es importante brindar apoyo y hacer sentir a nuestro ser querido o amigo que existe esperanza para su problema ¡y que tú estás con él!

◙ Recuerda que acompañarlo con algún especialista para que reciba tratamiento farmacológico o terapéutico le puede ayudar a encontrar otras alternativas viables al suicidio… y salir de su depresión, ¡aunque él lo vea imposible!

"Si la persona deprimida habla de suicidio, realmente no lo hará."

☞ continúa

☞ continuación

❀ No es cierto.

❀ Casi todas las personas que intentan o consuman un suicidio dan algunas señales previas al respecto. Si tu ser querido menciona cosas como: "No veo por qué seguir adelante, lo mejor es que me muriera, así te librarías de mí" o "Lo lamentarás cuando esté muerto", acude con un psiquiatra para que te guíe y le dé a tu ser querido el tratamiento adecuado.

Focos rojos en una depresión... ¡riesgo suicida!

◉ Si la depresión se vuelve más severa.

◉ Si tu ser querido hace arreglos finales, por ejemplo:

❀ Si comienza a poner sus pertenencias en orden.

❀ Si cambia o hace un testamento.

❀ Si se desprende de objetos que tú sabes que son importantes para él.

❀ Si habla de "irse".

❀ Si realiza conductas auto-destructivas o de alto riesgo.

❀ Si tiene un mejor humor o una calma "repentina". Muchas personas se sienten "mejor" (liberadas) cuando deciden terminar con su vida y su sufrimiento, porque creen que de esta forma terminarán con sus problemas. Mucho cuidado: que realice arreglos finales es un signo de alarma.

Recuerda que una persona deprimida, que intenta cometer suicidio, en realidad quiere dejar de sufrir con la profundidad e intensidad que siente, por lo que cree que matándose lo logrará. Pero también lo logrará con un tratamiento psiquiátrico y psicológico adecuado. Ayúdalo a conseguirlo.

Guía práctica para la evaluación del riesgo suicida

Elaborada por el doctor Sergio A. Pérez Barrero, fundador de la Sección de Suicidiología de la Asociación Mundial de Psiquiatría Asesor Temporal de OPS/OMS para la Prevención del Suicidio en Las Américas.

A continuación presentamos los reactivos de una versión abreviada de la guía práctica para la evaluación del riesgo suicida. Si la suma de la puntuación de todos los reactivos sobrepasa los 18 puntos la persona debe ser trasladada a recibir atención psiquiátrica de urgencia ya que el peligro de suicidio es muy elevado.

1. ¿Temen los familiares que la persona realice un intento de suicidio? Mediante esta pregunta se recabará cualquier conducta anómala o expresión verbal que haga sospechar a los familiares esta posibilidad. Por su estrecha vinculación con las familias este aspecto es de fácil abordaje por los médicos familiares, aunque también por amigos íntimos, familiares y otros parientes.
   La respuesta positiva acumula 3 puntos.

2. Actitud poco cooperadora del sujeto en la entrevista. La ambivalencia o el negativismo al entrevistar a una persona con riesgo suicida puede ser un signo importante por considerar. En este reactivo no se califica la conducta del individuo en términos que pudieran ser poco usuales o desconocidos para quien entrevista. La actitud poco cooperadora define un comportamiento evidenciable y, aunque puede deberse a diferentes trastornos psiquiátricos (mutismo delirante, depresión con lentitud psíquica y motora, trastorno esquizotípico o esquizoide de la personalidad, rechazo a recibir ayuda en cualquier trastorno de la personalidad), no se necesita realizar un diagnóstico para contabilizar este reactivo.
   La respuesta positiva acumula 3 puntos.

3. La persona manifiesta deseos de morir. Si el individuo coopera puede manifestar deseos por morir, lo cual denota inconformi-

dad con su propia existencia y es el preludio de una futura ideación, planeación e intentos suicidas.

La respuesta positiva acumula 2 puntos.

4. La persona manifiesta ideas suicidas. Mediante este reactivo se intenta evaluar la presencia de ideas suicidas en el sujeto en el momento presente (el "aquí-ahora").

La respuesta positiva acumula 4 puntos.

5. La persona expone un plan suicida. Evidentemente no es lo mismo tener deseos de morir o pensar quitarse la vida, sin precisar cómo hacerlo, que elaborar o planificar cómo llevarlo a cabo, lo cual es de extrema gravedad para la supervivencia de la persona.

El plan suicida es la manifestación más estructurada y por tanto más grave de la ideación suicida. La respuesta positiva acumula 5 puntos.

6. El individuo tiene antecedentes de trastornos psiquiátricos. Mediante este reactivo se recaban los antecedentes patológicos personales de enfermedad mental. Aquí quedan incluidas todas las enfermedades psicológicas, psiquiátricas, neurológicas o conductuales que pueden conllevar al suicidio; la importancia de este reactivo es reconocer al enfermo mental dentro de un grupo con mayor posibilidad de cometer suicidio que la población en general.

La respuesta positiva acumula 4 puntos.

7. La persona tiene antecedentes de hospitalización psiquiátrica reciente. Este reactivo se tiene en cuenta debido a la frecuencia con que ocurre el suicidio en los egresados de un servicio de psiquiatría, principalmente durante los primeros seis meses.

La respuesta positiva acumula 2 puntos.

8. La persona tiene antecedentes de intento de suicidio. Es reconocido que entre 1% y 2% de los sujetos que realizan un acto suicida, lo hacen durante el primer año que intentan suicidarse y entre 10% a 20% en el resto de su vida.

La respuesta positiva acumula 3 puntos.

9. El sujeto tiene antecedentes familiares de conducta suicida. William Farr en 1841 sentenció: "No hay un hecho mejor establecido que el efecto imitativo en la conducta suicida." En la actualidad es muy sobresaliente el papel que juegan los medios de difusión masiva en la génesis del suicidio cuando esta temática no es bien tratada; sin dejar de considerar que los factores biológicos y genéticos de la conducta suicida existen.

La respuesta positiva acumula 3 puntos.

10. Presencia de un conflicto actual (pareja o familia). Independientemente de que no son éstos los únicos conflictos que pueden precipitar un intento de suicidio, o un suicidio, las evidencias los consideran entre los más frecuentes en cualquier latitud y cultura. Aquí se incluyen el resto de los posibles estresores agudos que pueden desencadenar una crisis suicida.

La respuesta positiva acumula 2 puntos.

> La alegría es el ingrediente principal en el compuesto de la salud.
>
> EDWARD A. MURPHY

> Mientras pensaba que estaba aprendiendo a vivir, he aprendido cómo morir.
>
> LEONARDO DA VINCI

Entre el extremo del miedo a morir y el suicidio

La muerte es entendida como el último viaje que emprendemos en nuestra vida. Hay quienes están de acuerdo con la premisa:

"Hay vida después de la vida"; pero hay quienes la rechazan rotundamente. Ambos tienen la libertad y derecho a pensarlo, pues a final de cuentas es cuestión de fe. Pero en lo que sí estamos todos de acuerdo es en que todos nos vamos a morir, todos. Vale la pena recordar lo que decía Jim Morrison: "De aquí (este mundo) nadie sale vivo".

La muerte suele generar reacciones muy diversas, por ejemplo el miedo a morir (y por lo tanto, existen quienes evitan hablar de ella); hay quienes se ríen y se burlan de ella, quienes la retan y cometen actos "contra fóbicos" (realizan actividades de alto riesgo –que disfrutan– que pueden poner su vida en peligro), y hasta quienes cometen intentos de suicidio o actos suicidas con los que se auto provocan la muerte.

Así como en nuestra cultura hay un Día de las Madres y la festejamos, un Día del Padre o Día del Niño y festejamos a cada uno, podríamos aprovechar el Día de los Muertos para pensar sobre la muerte y enfrentar los temores o dolores que podemos tener alrededor de ella. Por eso, ahora es un buen momento para hacernos muchas preguntas sobre la muerte, como las siguientes.

¿Cómo manejar la muerte con los niños?

Existen los derechos del moribundo, los cuales contemplan a los niños: el derecho a participar en la muerte, a comprender el proceso de muerte y a no morir solo.

El hecho de ser infantes no los excluye de su condición de "persona" por lo que, de la misma forma como a nosotros no nos gustaría morir solos, y sí nos gustaría comprender lo que estamos viviendo y lo que tendremos que enfrentar (la muerte), a ellos también. La diferencia es que no saben pedirlo, no entienden de qué se trata y es nuestra tarea guiarlos hacia un mayor entendimiento con amor.

Los niños nos observan, nos imitan, nos copian, en la vida en general: si estamos alegres, a divertirnos y a tener sentido del humor; si somos afectuosos, a amar, y si vivimos con miedo, si tememos. A un niño que no aprende que después de la primavera viene el verano... invierno, y que toda vida está irremediablemente destinada a morir, le resultará difícil soportar una pérdida. Los niños necesitan comprender que, al igual que esa flor hermosa que ve en su jardín va a estar después marchita, de la misma manera, también las personas cruzamos por un proceso similar: nacemos, crecemos, vivimos disfrutando y enfrentando la vida y morimos. Enseñarles lo anterior es un acto de amor y de responsabilidad.

Recomendaciones para el manejo de la muerte con los niños

Sí hacer	No decirles
❧ Explicarles sobre la muerte y "cosas de la vida" antes de que la situación se encargue emocionalmente.	❧ "Se quedó dormido. Pueden tener miedo a la hora de dormir.
❧ "Mira, estas hojas están color café y secas y éstas aún están verdes, pero también se pondrán color café... es normal..."; "A todos nos pasa igual, es normal."	❧ "Dios se la llevó." Pueden creer que Dios es cruel y malo y secuestra a quienes queremos.
❧ Enseñarle cómo son los funerales y rituales cuando muera una mascota.	❧ "Como era muy bueno Dios lo quería tener con él." Pueden temer portarse bien.
❧ Que solemos respetar el cuerpo aún después de muerto.	❧ "Se fue a un viaje largo... largo." Pueden creer que fueron abandonados y no son queridos por esa persona.
❧ Diferenciar con ellos entre enfermedad grave y leve: "No porque te enfermes de tos te vas a morir como abuelito que estaba muy enfermo y viejito."	❧ "Está en el cielo, ahí todo mundo está contento, es muy bonito." Se preguntará que por qué lloran si está contento en el cielo. Es incongruente y le va a costar trabajo entender esa pérdida y la muerte en general.

☞ continúa

☞ continuación

❂ Asegurarles que la vida continúa: desayunaremos, comeremos, iremos a la escuela y a trabajar, al parque...

❂ Garantizarles que van a ser cuidados, amados y protegidos. Así como que quien murió quedará en su corazón y en su memoria para siempre.

❂ Ser honesto, sencillo y simple.

❂ No tenemos que tener siempre una respuesta a sus preguntas; si no sabe qué decir, simplemente dígale: "No sé, mi amor."

❂ "Se murió. No pasa nada, la muerte es vacío y oscuridad, no pasa nada." Pueden tener miedo a la oscuridad.

Si un niño vive en *hostilidad*, aprende a *pelear*.
Si un niño vive *avergonzado*, aprende a sentirse *culpable*.
Si un niño vive con *tolerancia*, aprende a *confiar*.
Si un niño vive *apreciado*, aprende a *apreciar*.
Si un niño vive con *equidad*, aprende a ser *justo*.
Si un niño vive con *seguridad*, aprende a tener *fe*.
Si un niño vive con *aprobación*, aprende a *quererse*.
Si un niño vive con *aceptación y amor*, aprende
el *lenguaje universal del amor*.
Quien no ame a los *niños* está renunciando al *futuro*
de su patria,
quien no respete a un *anciano* está ignorando el *pasado*
de su patria.
Quien no entienda esto, no entiende nada.

Los derechos del moribundo

* El derecho a ser tratado como un ser humano vivo.
* El derecho a mantener una actitud esperanzada, por muy cambiante que pueda ser su proceso.
* El derecho a ser cuidado por personas capaces de mantener una actitud esperanzada, por muy cambiante que pueda ser su proceso.
* El derecho a expresar sentimientos y emociones sobre la muerte a nuestra propia manera.
* El derecho a participar en todas las decisiones concernientes a nuestro cuidado.
* El derecho a ser cuidado por personas compasivas, sensibles y bien informadas que intenten comprender nuestras necesidades.
* El derecho a esperar atención médica continua, aunque los objetivos pasen de curativos a paliativos.
* El derecho a recibir una respuesta honesta y completa a todas nuestras preguntas.
* El derecho a buscar espiritualidad.
* El derecho a no padecer dolor físico.
* El derecho a expresar sentimientos y emociones sobre el dolor a nuestra propia manera.
* El derecho de los niños a participar en la muerte.
* El derecho a comprender el proceso de la muerte.
* El derecho a morir en paz y con dignidad.
* El derecho a no morir solo.
* El derecho a esperar que se respete la santidad del cuerpo después de la muerte.

Hay quienes creen que hay vida después de la muerte, pero una pregunta quizá más importante sería: ¿Tenemos vida antes de la muerte? Hay muchas personas que viven agobiados por lo que les pasa, otros por lo que pasará cuando mueran o cómo morirán (y por miedo prefieren no pensar en ello)… pero, ¿cómo nos gustaría ser recordados después de morir?… Valdría la pena pensar que será por cómo vivimos antes de morir.

A mí, Liz Basañez, me gustaría ser recordada como una guerrera de la vida, de mi trabajo, del amor, de mis metas… no importa si triunfé o no, sino que a pesar de que me caí me volví a levantar para volver a luchar… una y otra vez… en cada área (trabajo, amor, metas, etcétera).

Quizá hoy debemos aprovechar para preguntarnos cómo estoy viviendo antes de morir, si tengo vida antes de la muerte y cómo quiero ver a este ser humano (si eso es factible) cuando muera, o cómo me verán mis seres queridos; así, quizá podamos tener una oportunidad de vivir diferente. ¿Cómo quiero ser recordado? ¿Como el quejumbroso?, ¿como el agresivo y hostil?, ¿como el solitario "amargado"?, ¿como un guerrero?, ¿como una persona generosa y cálida que tuvo una sonrisa para los demás y para sí mismo? ¿Cómo?

> Me habló de la marihuana
> de la heroína, de los hongos.
> Por medio de las drogas llegaba a Dios,
> se hacía perfecto, desaparecía.
> Pero yo, prefiero mis viejos alucinantes:
> La soledad, el amor, la muerte.
>
> JAIME SABINES

> Prefiero morir de pie que vivir siempre arrodillado.
>
> ERNESTO "CHE" GUEVARA

Capítulo 7

Psiquiatría y psicología

Ir al psicólogo, ¿yo? ¿Por qué?

¿**H**as llegado a pensar que ir con el psicólogo o el psiquiatra es sinónimo de estar loco? ¿Sabes que no hay mayor mentira que ésa? En primer lugar, porque no se trata de estar o no "loco" para ir con un psiquiatra o un psicólogo; y además, ¡ésa es una etiqueta peyorativa! Muchas personas la emplean de modo generalizado y otras la usan específicamente para cuando alguien pierde el contacto con la realidad. Es decir, cuando alguien tiene alucinaciones y entonces ve, escucha, huele o siente cosas que no existen, ejemplo: alguien puede ver caer del techo a enanitos azules de tinta china; entonces se mueve de un lado a otro preocupado para que no lo salpiquen cuando choquen contra el piso. O bien, alguien más puede cubrir todos los orificios eléctricos de su casa por estar convencido de que hay micrófonos que alguien puso para espiarlo. Desafortunadamente hay personas que padecen este tipo de síntomas psicóticos y se suelen identificar (mal) como "locos", cuando en realidad tienen síntomas psicóticos (los cuales pueden ser por diversas patologías, como la esquizofrenia). En segundo lugar, los psiquiatras y psicólogos son las personas más indicadas para ayudar a alguien que padece depresión (y demás padecimientos mentales) y ambos cuentan con el conocimiento adecuado para tratarla. Por otra parte, las buenas noticias son que la depresión responde bien al tratamiento farmacológico y a la psicoterapia.

Quizá ya lo sepas, pero lo diremos: la diferencia entre un psiquiatra y un psicólogo es que el primero estudió la carrera de medicina y su especialidad la realizó en el área de psiquiatría, por tal razón, puede medicar. Hay psiquiatras que posteriormente realizan estudios de posgrado en temas psicológicos y cuentan con diplomados, maestrías y doctorados; entonces hacen psicoterapia además de medicar.

En caso de que una persona requiera de hospitalización, por la severidad del padecimiento, el psiquiatra es la persona indicada para hospitalizarla (ingresarla al hospital, indicar su medicación y darla de alta). Por su parte, el psicólogo hizo una licenciatura en psicología (no puede medicar) y además ha realizado estudios de posgrado en psicología clínica donde conjuntamente, llevó clases teóricas y supervisión.

Esto quiere decir que al inicio, cuando comenzó a tratar pacientes en psicoterapia, hubo otro psicólogo titulado y con años de experiencia clínica (viendo pacientes) que lo guió para tratarlos; para que cometiera los menos errores posibles con ellos, o bien, para evitar alguna iatrogenia (patología producida por intervención médica).

Existen diversas corrientes psicológicas: psicoanálisis, gestalt, terapia cognitivo-conductual, entre otras); el psicólogo se va especializando en alguna de ellas, aunque es frecuente (y esperado) encontrar que a pesar de ello emplee algunos conocimientos o técnicas de otra corriente. Cuando alguien es hospitalizado, el psicólogo puede tratarlo psicoterapéuticamente en paralelo al tratamiento médico del psiquiatra. De hecho, lo más recomendado es que así ocurra.

Preguntas y respuestas frecuentes

¿Por qué a muchas personas les suele costar trabajo ir con un psicólogo?

- Por miedos y tabúes: "Yo no estoy loco", "me van a manipular/cambiar", "me va a sacar cosas que ni tengo y hasta me van a cobrar por ello."
- Por desconocimiento de qué hace un psicólogo.
- Por desconocimiento de los síntomas de los problemas psicológicos/psiquiátricos, conductuales o neurológicos.
- Por el "qué dirán".
- Por el "yo no estoy mal… tú eres el/la que está mal" (ejemplo, en la relación de pareja).

¿Cómo sé cuándo debo ir a un psicólogo?

- Cuando no tengas control de tus emociones. Esto significa que ahora sientes con mayor frecuencia o intensidad sentimientos, sensaciones o emociones que normalmente no experimentabas. Por eso, te descubres llorando por cualquier cosa, enojándote por situaciones que no lo merecen, o te dan "ataques de risa" incontrolables o exagerados y después una sensación de tristeza profunda. O bien, te autodefines como inseguro y quieres tener mayor autoconfianza y autoestima, pero no sabes cómo hacerle.
- Cuando tengas problemas conductuales. Es decir, si eres violento o agresivo con quienes te rodean (incluso con desconocidos). Así como si te has vuelto "irresponsable" y te vas de fiesta o dejas de hacer tus labores cuando normalmente las cumplías. Si comes mucho más de lo normal y tienes problemas con tu peso o, bien, si dejas de comer y tienes una (gran) preocupación por engordar. Cuando tengas insomnio y no lo puedas manejar, lo cual está repercutiendo en tu vida diaria (probablemente en este caso tam-

bién requieras de tomar medicamentos bajo la supervisión de un psiquiatra). Si no sabes decir que no y terminas "cargando a los demás" o "tú siempre estás, pero cuando los necesitas no te apoyan", lo cual no te gusta, pero no sabes cómo modificarlo. Porque eres impulsivo y por más que buscas "meter freno" a tus reacciones no puedes. Si existe violencia intrafamiliar en tu casa.

▣ Cuando tengas problemas con terceros, muy probablemente por las situaciones anteriormente descritas. En este caso es muy importante que cuando tus seres queridos, o personas cercanas de confianza te insistan en ir a un psicólogo, te des un tiempo a solas para pensarlo seriamente. Porque muchas veces podemos tener conflictos con terceros y ser los últimos en percatarnos de ello. Esto se puede deber, entre otras cosas, a una situación que los psicólogos llamamos *egosintónico*. Lo cual significa que estoy (completamente) de acuerdo con las características que tengo, ya sean positivas o negativas, aunque me generen conflictos. La persona cree que tiene la razón y no siempre es así. Una persona con problemas egosintónicos diría: "Pues así soy y qué... qué quieres que haga, así nací". Al pensar de esta forma excluye toda posibilidad de cambio; pero recuerda: siempre podemos mejorar y cambiar si trabajamos para ello. Seguramente no vamos a modificar al 100% nuestra personalidad (ni es la intención), pero sí podemos variar, mejorar o quitar posturas que nos generen conflictos innecesarios, siempre y cuando lo reconozcamos, lo aceptemos y lo trabajemos.

▣ Cuando presentes problemas físicos: colitis nerviosa, caída de cabello, problemas en la piel, molestias cardiacas, alteraciones en tu vida sexual –eyaculación precoz, impotencia funcional, vaginismo, dispareunia–, tensión muscular extrema o dolorosa, entre muchos problemas físicos más, y tu médico te ha dicho que es algo psicosomático, es decir, provocado por tu mente, tus "nervios" o porque eres una persona ansiosa y muy aprehensiva.

▣ Cuando hayas vivido algún problema familiar que te afecte, como un suicidio, un divorcio, muertes, enfermedades incurables o prolongadas, dificultades financieras, problemas maritales, etcétera.

▣ Cuando tú o un ser querido padezca de algún trastorno mental. Por citar algunos están: depresión, ansiedad, alcoholismo, trastornos de personalidad, deficiencia mental, problemas de aprendizaje, problemas sexuales, delincuencia juvenil, problemas vocacionales, anorexia, bulimia, fobias, ataques de pánico o crisis de angustia, trastorno obsesivocompulsivo, celotipia, hipocondriasis. Así como si fuiste víctima de algún desastre natural o violencia extrema y tienes trastorno por estrés postraumático; o bien, tienes problemas de atención y/o memoria, cleptomanía, problemas de identidad, juego patológico, entre muchísimos problemas más, los cuales se presentan tanto en niños como en adolescentes, adultos y personas de la tercera edad.

▣ Cuando desees hacer un análisis de tu vida o bien, necesites tomar una decisión importante y el tener un punto de vista neutro y objetivo te sea de utilidad.

▣ Cuando en tu infancia haya sucedido algo que hasta el día de hoy te afecta de forma constante o intensa.

¿Los psicólogos sólo ayudan a personas individualmente?

No. También intervienen en familias, pareja, grupos, escuelas y empresas.

¿Qué hace un psicólogo?

❂ Un psicólogo tiene un gran campo de acción. Puede intervenir en empresas (psicólogo laboral), en ámbitos educativos (psicólogo educativo), analizando e interviniendo en el nivel social (psicólogo social), haciendo investigación, o tratando el tipo de problemas descritos en la pregunta anterior, principalmente bajo psicoterapias (psicólogo clínico). También existen los neuropsicólogos, quienes tratan la relación directa entre el cerebro y la psicología.

❋ En el caso de la psicología clínica hacemos lo mismo que cualquier otro médico:

✱ Una evaluación a través de una entrevista y de pruebas psicológicas. En algunos casos, es conveniente descartar que el problema no se deba a ninguna circunstancia física, por lo que un psicólogo te podría remitir (para trabajar interdisciplinariamente) con un psiquiatra o algún otro especialista, incluyendo a un neuropsicólogo.

✱ Con base en dicha evaluación realizamos un *diagnóstico*. En general, los psicólogos evitamos "poner etiquetas" a nuestros pacientes. Pero es conveniente tener un mismo lenguaje con otros especialistas o para que los pacientes puedan entender cómo se llama lo que tienen; por eso, empleamos los criterios diagnósticos de manuales estadísticos.

✱ Existe, por ejemplo, el *Manual diagnóstico y estadístico de los trastornos mentales*, en su 4ª revisión. Es un libro realizado y actualizado periódicamente por la Asociación Psiquiátrica Americana; está basado en investigaciones y estadísticas mundiales; contiene las descripciones de todos los trastornos mentales y pretende ser ateórico, es decir, sin ninguna teoría psicológica específica. Asimismo, existe el ICD-10, (Clasificación Internacional de Enfermedades) realizado por la Organización Mundial de la Salud (OMS) con las mismas características. El hecho de que un psicólogo o psiquiatra se base en una estandarización de los trastornos mentales bajo investigaciones realizadas por expertos, restringe la posibilidad de que ante el mismo problema existan diversos diagnósticos. Claro que, a pesar de ello suelen existir errores de los psicólogos y psiquiatras al diagnosticar: muchos pacientes reciben otros diagnósticos al que realmente les corresponde. Por eso, cuando acudas con un psicólogo asegúrate que tiene el título de psicología. Sin embargo, no es suficiente; que un psicólogo haya estudiado una licenciatura no le da las herramientas necesarias para dar terapia, por lo que también necesitará contar con estudios de posgrado.

* Una vez hecho el diagnóstico procede el tiempo de llevar a cabo un *tratamiento*. Pero éste depende de la corriente psicológica en la que el psicólogo se haya entrenado.

→ Terapias cognitivo-conductuales
→ Psicoanálisis
→ Terapia narrativa
→ Terapia sistémica
→ Terapia gestalt, entre otras.

* Muchos psicólogos, la mayoría, citan al paciente una vez por semana. En el caso de que el problema sea muy severo, el paciente esté hospitalizado o exista una condición específica que requiera de mayor frecuencia (juicio legal o un viaje próximo, por ejemplo), las sesiones pueden ser más frecuentes. Cuando el problema se va resolviendo, o la persona va sintiéndose mejor, el psicólogo comienza a espaciar las sesiones, pues al inicio es recomendable que sean una vez por semana (en casos extremos puede ser más frecuente), pero entonces seguramente comenzará a ser cada 15 días, posteriormente cada mes y así consecutivamente. Es recomendable que siempre haya un seguimiento, pues aunque te sientas bien o

el problema esté resuelto, funciona en cierto modo como los antibióticos ante las infecciones, con otros tiempos claro. Es decir, si tienes una infección y tomas un antibiótico vas a comenzar a sentir alivio, pero no puedes suspenderlo antes del tiempo que el médico te indique, pues que ya no tengas la sintomatología no significa que ya no tengas la infección… requiere de más tiempo llegar a una enmienda completa.

Tomando herramientas de la terapia narrativa, muchos psicoterapeutas emplean la metáfora de "la voz del monstruo" para enseñarle a sus pacientes a atacar el problema, la sintomatología, pero no a la persona *per se*. Con esta técnica se proyecta en una entidad externa y virtual al paciente la problemática de su padecimiento, pero no el sentido de sí mismo. La siguiente metáfora explica mejor lo anterior:

> Cuando a un paciente con cáncer le advierten que le van a extirpar el tumor, le van a proporcionar quimioterapia y/o radioterapia, es porque dicho tumor es un conjunto de tejido y células de sí mismo, pero el paciente no es (el) cáncer, no es (el) tumor; sólo una parte autodestructiva de sí mismo porque son células de él que se reproducen de forma desordenada, pero que hay que atacarlas (a las células cancerígenas, no a la persona integral). La forma de atacarlas y eliminarlas es en equipo con sus médicos y el paciente en pro del beneficio del mismo paciente.

Pues de la misma forma sucede en términos psicológicos: atacando al *monstruo* (la parte auto-destructiva de mi pensamiento) se le enseña a la persona a delimitar la problemática (como el tumor en una enfermedad física con características igualmente autodestructivas), pero no siendo la integridad e identidad del paciente.

Al representar la sintomatología como "ese monstruo" que afecta la propia vida y lleva a la persona a reaccionar de forma tal que le genere conflicto con su entorno y consigo misma; el paciente tiene la oportunidad de verse a sí mismo con mayor capacidad y habilidad para enfrentar los problemas; porque no es la persona la que no puede, sino "el monstruo" quien lo quiere controlar. De tal forma tiene la opción de no seguirse dejando controlar por el monstruo sino atacarlo de forma activa y directa mediante las técnicas cognitivo conductuales que aprende de la mano de su terapeuta. Es fácil observar cómo a lo largo de la terapia, el personaje que representa la sintomatología (monstruo) tiende a modularse con los acontecimientos que va enfrentando y va perdiendo fuerza o control sobre la persona.

Por último, es importante destacar que las terapias cognitivo-conductuales son el único tipo de psicoterapia que han demostrado cambios bioquímicos cerebrales idénticos a los de los psicofármacos. En estudios con Tomografía por Emisión de Positrones, donde se ve al cerebro en funcionamiento (y de mayor sofisticación de su tipo), se ha logrado evidenciar que pacientes con ansiedad que reciben tratamiento farmacológico y terapia cognitivo-conductual generan cambios en las mismas zonas cerebrales y en los mismos neurotransmisores, al grado que los expertos no pueden reconocer si esa Tomografía por Emisión de Positrones es de un paciente con tratamiento farmacológico o con terapia cognitivo-conductual.

¿Cómo se maneja la confidencialidad de un psicólogo? Lo que cuentas a un psicólogo, ¿no debe contarlo a nadie?

Exactamente, los psicólogos tienen un código ético de confidencialidad y la información que reciben de sus pacientes o clientes (en casos laborales) deben mantenerlos bajo estricta confidencialidad. Yo, por ejemplo, tengo en mi consultorio a los monos sabios, esos que ejemplifican el "no oigo", "no veo" y "no hablo", porque precisamente eso es lo que sucede: lo que me platican mis pacientes es como si yo no lo hubiera escuchado, no lo hubiera visto y no tengo por qué contarlo a alguien.

La información que le cuentes al psicólogo es tuya, no de el psicólogo. Estás teniendo un gran acto de confianza con una de las características más preciadas que tienes, tu intimidad. Por tal razón, lo menos que te mereces es respeto. En ese sentido los psicólogos estamos acostumbrados a escuchar muchas, muchísimas, circunstancias de vida que las personas ocultan a los demás por vergüenza, por ser diferentes o por saber que van a ser criticados; por eso, es esperado no solamente que tu psicólogo no se alarme ante cualquier cosa que le platiques, sino que no te juzgue. Porque independientemente de lo que un psicólogo escuche o no, es nuestra obligación también aceptar y respetar la forma de pensar, de sentir y de actuar de las demás personas.

Sin embargo, sí existen algunas circunstancias en las que el psicólogo se ve obligado a romper esta confidencialidad, por lo que es importante saber cuáles son las únicas razones por las cuales debiera suceder.

Al trabajar interdisciplinariamente con otros especialistas (psiquiatras, neurólogos, reumatólogos, internistas, etcétera), porque al igual que un cirujano necesita comunicarse con el anestesiólogo sobre un mismo paciente, los psicólogos necesitamos intercambiar información con otros médicos.

Al tratar a menores de edad. Los padres necesitan tener la información y resultados de sus hijos, pues los niños no tienen la madurez intelectual, neuronal ni psicológica para recibir dicha información. Y finalmente, es responsabilidad de sus padres su educación y bienestar. En caso de que exista un problema en el contexto familiar, el psicólogo también necesita tener comunicación con personal de la escuela, pero no está permitido revelar información privada más allá del contexto del problema específico en relación al niño-escuela.

Cuando la vida de alguien corre peligro un psicólogo se ve en la obligación de salvaguardar la vida de quien está en peligro; ya sea otra persona, en el caso de *ideación homicida* o del paciente mismo, en caso de *ideación suicida*.

En este segundo caso es frecuente que él no quiera que alguien más se entere pues en muchos casos, como en la depresión, la persona desea acabar con su vida por la sintomatología misma de la depresión y es responsabilidad del psicólogo no sólo de atacar dichos síntomas sino de proteger su vida, pues si no estuviera deprimido, no estaría en esa circunstancia.

Cuando un menor está sufriendo algún tipo de abuso, sea físico, sexual, psicológico o emocional. No sería ético por parte de ningún psicólogo permitir que ningún menor viviera bajo una calidad de vida así... se convertiría en cómplice, por tal razón, debe romper su confidencialidad profesional.

Capítulo 8

Dolor emocional y sufrimiento: ¿qué hacemos ante ellos?

*La vida es aquello que te va sucediendo
mientras te empeñas en hacer otros planes*

JOHN LENNON

El dolor es algo inevitable, lo sentimos desde que nacemos y realmente es un mensajero de que algo nos está agrediendo y necesitamos movernos para cuidarnos.

El dolor emocional nos ayuda a reconocer que aquello que nos lo provoca es importante para nosotros, que es nuestro primer escalón hacia el crecimiento, porque realmente, pero realmente, aprendemos y crecemos con el dolor.

Sin embargo, lo que solemos hacer con el dolor emocional es:

- ❀ Anestesiarlo
- ❀ Ignorarlo
- ❀ Distraerlo
- ❀ Distanciarlo
- ❀ Matarlo

Y al reaccionar de esta forma evitamos responsabilizarnos y así, finalmente, lo único que logramos es tener mayor dolor emocional.

¿Cómo solemos evitarlo?

A través de conductas irracionales, tanto positivas como negativas, pero igualmente irracionales.

- Adicciones a sustancias: alcohol, drogas, tabaco
- Adicción a internet
- Obsesionándonos con nuestro físico
- Con compras compulsivas
- Con adicción al trabajo

No es lo mismo dolor que sufrimiento

El dolor es innegable, pero el sufrimiento es nuestra elección.

Si nos mantenemos lamentándonos vamos a sufrir más, aunque no lo deseemos.

Si evitamos o nos distraemos del dolor y no nos responsabilizamos de él, vamos a sufrir innecesariamente.

Enfrentar el dolor emocional duele, pero duele menos que usar tácticas distractorias... porque éstas nos llevan a sufrir, y sufrir o no sufrir es nuestra elección.

> El dolor es inevitable, pero el sufrimiento es opcional.
>
> SIDHARTHA GAUTAMA BUDA

> Es sincero el dolor del que llora en secreto.
>
> MARCO VALERIO MARCIAL

Yo opino que si tienes dolor emocional no evites, no huyas, tampoco te entregues a él y te quedes ahí lamentándote; pero date tiempo para sentirlo y verás cómo toma una dimensión diferente… finalmente, las lágrimas son al alma lo que el jabón al cuerpo.

Lo bueno de lo malo y lo malo de lo bueno: la envidia

La envidia es una emoción universal, todos la hemos sentido desde niños; pero solemos ocultarla, inclusive a nosotros mismos. Cuando alguien nos dice: "Tú lo que tienes es envidia" nos hiere y descalifica; nos duele. ¿Sabes por qué suele pasarnos esto?

Porque la envidia denota un sentimiento de inferioridad que en realidad, a todos, nos cuesta trabajo reconocer. Al manifestar envidia estamos poniendo por encima al otro (sin desearlo) y, por ende, nos colocamos en un grado inferior a nosotros mismos. Nos es difícil dejar ver nuestros signos de desventaja y debilidad ante los demás.

A los niños no les afecta mostrarse inferiores ante los demás al sentir envidia, simplemente la manifiestan enojándose, quitándole el juguete al otro niño o haciendo un berrinche, por lo menos hasta cierta edad. Porque llega un momento en el desarrollo humano en que tomamos conciencia de que mostrar esos signos de inferioridad afectan nuestra autoestima y nos hacen vulnerables ante los demás, por lo que comenzamos a disimularla, pero no a dejar de sentirla.

Las emociones aparecen de forma repentina (generalmente después de algún pensamiento que las estimula) y activan al cuerpo a su manera. Es decir, si estamos alegres vamos a sentir más energía, vamos a sonreír más y los ojos van a tener un brillo especial. Si estamos enojados nuestra cara se va a tensar y vamos a fruncir el ceño; vamos a ser menos expresivos y quizá nuestros movimientos sean bruscos. No nos cuesta trabajo identificar si alguien está preocupado, alegre, triste o enojado. Pero a pesar de que la envidia es una emoción universal no tiene una expresión facial que la identifique. Precisamente porque el ser humano trata de ocultarla. Además, si agregamos que en la religión católica es considerada como uno de los siete pecados capitales, nos percataremos de que eso ha contribuido aún más a una connotación negativa en nuestra cultura.

Todos hemos escuchado y hasta dicho "Tengo envidia de la buena", y es cierto: sí existe ese tipo de envidia; precisamente es la que nos motiva a crecer y alcanzar metas cuando reconocemos que otro las tiene. Se llama envidia emuladora o admirativa.

Pero existen otros dos tipos más de envidia que no son muy favorables porque nos llevan a sentirnos mal.

- ⚙ La envidia depresiva. Hay personas que suelen pensar "Eso no me pasará a mí… yo no voy a lograr tener/hacer eso que el(ella) sí", entonces suelen retraerse o dejar de pensar en eso que desean, por lo tanto se quedan igual o estancados.
- ⚙ La envidia hostil, que es la que provoca irritación, frustración, insatisfacción y hasta odio. Si "metiéramos un micrófono" a la cabeza de una persona con envidia hostil escucharíamos cosas como: "No soporto que lo hayan ascendido, ¿por qué a él?"

Ahora bien, ¿sentimos envidia por todos o por cualquier persona?

- ⚙ No. Es decir, solemos sentir envidia por los que están cercanos a nosotros, con quienes nos podemos comparar:

nuestros hermanos, amigos, compañeros de trabajo, vecinos o con quienes convivimos de forma más o menos cercana o frecuente.

❀ La proximidad con otros facilita la comparación, además de que induce a compartir la misma visión de lo que es importante a la hora de definir ciertos valores y de esta forma, notamos más rápidamente cuando se da una diferencia.

❀ En ese sentido, cabe preguntarte: ¿has sentido envidia por la princesa Estefanía de Mónaco o el príncipe William de Inglaterra? ¿Has sentido envidia por algún compañero de trabajo, vecino o amigo?

¿Es lo mismo celos que envidia?

No.

Celos Algo que queremos conservar	Envidia Algo que no tenemos
❀ Generalmente involucran a tres personas: 1. la persona que deseo conservar porque es valiosa para mí 2. quien creo que amenaza con quitármelo 3. yo	❀ Generalmente involucra a dos personas: 1. quien tiene algo que yo no 2. yo

Regularmente creemos que la envidia y la admiración son dos aspectos de un mismo fenómeno. Sólo que la *admiración* nace en el fuerte y la *envidia* en el subalterno. Envidiar es una forma incómoda de rendir homenaje a la superioridad. Si todos en nuestra condición de humanos estamos propensos a sentir envidia es mejor que aprendamos a manejarla; que la envidia nos impulse a alcanzar eso que tanto deseamos, aunque otro lo haya obtenido antes, no importa.

Finalmente, la envidia ha sido favorable para la evolución de la especie humana, gracias a la envidia hemos ido progresando. Así que, a continuación te compartimos un cuadro comparativo entre lo bueno y lo malo de la envidia.

Lo bueno de la envidia	Lo malo de la envidia
❂ Nos motiva a superarnos para tener mejor posición y ventajas como los otros. ❂ Todos los seres humanos la sentimos, entonces, expresémosla con humor: 　▣ "Felicidades, este 'coche nuevo' va a provocar muchas envidias, la mía, por ejemplo".	❂ Nos vuelve inseguros ❂ Nos mantiene atentos de lo que el otro logra/ tiene/ hace ❂ Al no saber manejarla se suele: 　▣ No reconocer los logros en el otro 　▣ Atacar o criticar al otro 　▣ Burlarse de él/ella 　▣ Generar chismes/ rumores o difamaciones
❂ Nos aleja del conformismo y la mediocridad y nos dirige hacia metas específicas que identificamos para alcanzarlas. ❂ Cuando logramos tener esas metas nos provoca: 　▣ auto-satisfacción y auto-confianza.	❂ En algunas personas provoca: 　▣ Una actitud de víctima 　▣ Una postura defensiva ❂ ¿Porqué yo no? ❂ ¿Porqué él sí? ❂ Genera sentimientos de: 　▣ Insatisfacción 　▣ Frustración 　▣ Rabia

Tips y recomendaciones contra la envidia

　▣ Reconocer que eso (feo) que sentí se llama envidia.

　　❂ Recuerda, todos la sentimos, no hay nada malo en eso, inclusive nos ayuda a alcanzar logros, pero necesitamos darle una salida más sana… guardármela, pues frustrarme, invalidar al otro o criticarlo (definitivamente) no es la opción.

- Expresarla de forma positiva o con humor:
  - ✿ "Qué suerte tengo de no ser envidioso, porque sino, me harías mucho daño".
  - ✿ "Me alegra mucho lo que te ha ocurrido, pero me gustaría todavía más que me pasara a mí" (envidia de la buena).
  - ✿ "No se te ocurra anunciar algo así cada día, si no, no podríamos seguir siendo amigos".
- Examinar mis pensamientos. Probablemente encuentre algunos pensamientos de inferioridad.
- Intentar darle una dimensión más adecuada a nuestra capacidad y a la de los demás, sin infravalorarnos ni sobre valorarnos.

Es sano aceptar la envidia como un sentimiento humano más, pero si notas que no puedes dejar de sentirla, que te obsesiona, que te está desequilibrando, no dudes en consultar a un psicólogo.

> Dejemos a los envidiosos la tarea de proferir injurias y a los necios la de contestarlas.
>
> LUIS DUPATY

> La envidia es un sentimiento hermoso... siempre y cuando yo lo provoque.
>
> PALACIO DE HIERRO

> La envidia mata. Haz como yo: trabaja.
>
> DICHO POPULAR

> He cometido el peor pecado que alguien puede cometer:
> no he sido feliz.
>
> JORGE LUIS BORGES

La palabra envidia viene del latín *invidere* que significa "mirar con malos ojos." En francés, la palabra *envie* tiene doble significado: envidia y deseo.

En los celos hay más de amor propio que de amor

Los celos tienen una función adaptativa en la historia del ser humano: buscan la exclusividad para salvaguardar la transmisión de los genes, además de proteger los recursos y los bienes. En la Prehistoria nos ayudaron (en la mujer) a preservar al hombre que proveía al mamut (y demás animales) para comer y protección para los hijos: "Si mi hombre se va 'con otra', ¿quién nos va a cazar a los animales y nos va a proteger?... ¡nos vamos a morir, nos va a comer un animal!" En el hombre, a evitar que su mujer cometiera adulterio e impedir que "ese mamut" que le había costado energía y tiempo cazar alimentara a los hijos de otro. Hoy en día, además de intentar salvaguardar el amor por características similares, encontramos incorporadas otras circunstancias; los celos que buscan proteger una imagen o avance profesional, el desarrollo social e incluso, el poder. Este capítulo presenta mayor número de ejemplos y explicaciones ante los celos amorosos, no obstante no dejamos de reconocer su presencia en otras áreas.

Quizá te identifiques o hayas escuchado a alguien cercano decir: "Si me cela es porque me quiere". Lo cual (al inicio) genera una sensación de agrado y de importancia: ¿quién no quiere sentirse importante o saberse amado?, especialmente de quien queremos o nos importa. Pero desafortunadamente no funciona así en todos los casos.

Los celos están en quien los siente para proteger, para salvaguardar "un tesoro". Pero, desgraciadamente, con más frecuencia de lo que deseamos:

* Destruyen
* Alejan
* Hacen sufrir y obsesionarse a quien los posee
* Vuelven en espías e inspectores a su dueño
* En algunos casos los convierte en golpeadores y homicidas

Aquí te presentamos un ejemplo muy evidente:

> Un hombre de 67 años acusado de golpear de manera reiterada a su mujer en un camino abandonado el 6 de marzo del 2003 alegó hoy en el juicio que los celos formaban parte de la enfermedad mental que padece (http://www.lexureditorial.com/noticias).

Los celos son una señal que nos activa para proteger nuestros intereses con la finalidad de echar a andar los mecanismos de protección del bien que queremos conservar. En un sentido estricto, si estos mecanismos se quedaran en un trabajo interno y personal, empezando por un auto-reconocimiento y comunicación clara y directa con la pareja o en el ambiente que nos genera dichos celos, la función sólida de los mismos se cumpliría de forma elegante. Pero ¿qué suele suceder ante los celos? Sucede que vivimos una mezcla de emociones y pensamientos:

Desconfianza y sospecha

* Prácticamente por lo que hagan los otros y por lo que haga la pareja.
* Generalmente responsabilizando a los demás por lo que el celoso siente. Hemos dicho repetidamente en este libro que "nadie tiene el poder de hacerme sentir mal si yo no se lo

doy… pues lo que siento depende de lo que pienso", y lo volvemos a hacer en este momento.

⊛ "Tengo celos, de la mano que saludas, de la gente que murmura, de la calle y de tus sueños" (*Tengo celos*, José María Napoleón).

⊛ "Celos de los ojos de mi amigo, del saludo de un vecino y del forro de tu abrigo" (*Celos*, Camilo Sesto).

Resentimiento

▣ "¿Cómo pudiste haberme mentido así?"

Autoincriminación

▣ "¿Cómo pude haber sido tan ciego, tan estúpido, tan confiado?"

Autodevaluación y comparación con el rival

▣ "¡¡¡¡Ella es más atractiva, joven e inteligente!!!!"

Posesión

⊛ "Cuando vayas conmigo no mires a nadie que alborotas los celos que tengo del aire… ve apoyada en mi hombro escuchando el latido que lleva mi sangre tan solo…" *(Cuando vayas conmigo*, José José).

Miedo

⊛ "Siento celos, que es igual a decir miedo y porque no, tal vez sin celos nuestro amor no sea completo" (*Celos*, Camilo Sesto).

Enojo

⊛ "Tengo unos celos que me matan, lo digo y por qué negarlo. El odio sube al pensamiento cuando te miran por la calle y te desnudan con la mente" (*Tengo unos celos que matan*, Hernaldo Zúñiga).

Tristeza

- ✿ "Prefiere al otro, no soy capaz de retenerla."
- ✿ "Siento celos, ni de macho ni cornudo, simplemente de amor puro de tristeza y soledad" (*Celos*, Camilo Sesto).

Violencia

- ✿ "Por unos ojos cafés y unos labios muy rojos hoy ando todo al revés y me salió lo celoso y hasta dicen por ahí que soy un escandaloso" ("El celoso", Los Bukis).
- ✿ Celos, de ese dulce sufrimiento que me quema a fuego lento, y que me hace tu enemigo" (*Celos*, Camilo Sesto).

Preocupación por la propia imagen

- ▣ "Todo el mundo se reirá de mí."

Autocompasión

- ▣ "Estoy sola, los demás viven en pareja y a mi nadie me ama."

Pensamientos de venganza

- ▣ Esto es pensar y desear hacerle ver su suerte a la pareja y a la tercera persona (en discordia).
- ▣ Si involucra escenas de ridículo o sufrimiento de ellos, mejor.

Envidia

- ▣ Hacia el tercero en discordia, de que él tenga algún favor de la persona a quien amo y de quien siento celos.

- ▣ "Me muero de celos y envidia pensando en la forma en que él te acaricia y siempre estoy imaginando las veces que él te hace suya. No puedo aguantar tantos celos, me muero de envidia." (*Celos y envidia*, Marc Anthony.)

Falsas creencias del celoso

Falsa creencia	Explicación de por qué es falsa
❀ "El otro es responsable de lo que me pasa, él(ella) es quien me 'hace' sentir celoso."	❀ Nadie nos provoca sentir algo si nosotros no pensamos lo "adecuado" para sentir así. ❀ Somos responsables de lo que pensamos, sentimos, hacemos y como tal necesitamos asumirlo, no "aventárselo" a los demás.
❀ "Es porque la(lo) quiero."	❀ Los celos no siempre son consecuencia de un gran amor como nos lo venden muchas canciones, la literatura y las películas. ❀ Frecuentemente, los celos extremos son consecuencia de inseguridad, baja auto-estima, miedo a la soledad o al abandono, necesidad de control, envidia de la riqueza emocional y libertad de acción del otro.
❀ "Los demás tienen que entenderme cuando me pongo agresivo... estoy sufriendo."	❀ Muy frecuentemente convertimos en demandas lo que en realidad son deseos, nos convencemos de ello y sufrimos cuando no se cumplen y se torna en un sufrimiento innecesario. ❀ Los demás no tienen que entenderte, ¿por qué tendrían que entender que aventaste a alguien, insultaste a otra persona o destruiste algún objeto? ❀ Quizás te gustaría que te entendieran, pero no tienen que hacerlo. ❀ Tal vez te suene "fuerte o frío", pero es cierto.

Falsas creencias de quien es celado

Falsa creencia	Explicación de por qué es falsa
❀ "Si me cela es porque me quiere… y por lo tanto soy valioso(a)."	❀ Mi valor no depende de lo que otra persona piense de mí… como tampoco de lo que haga, de lo que sepa ni de lo que tenga, sino por lo que soy.
❀ "No está tan mal que 'haga panchos'… es porque me quiere mucho… debo estar agradecido(a)."	❀ Denota una baja autoestima, una falta de respeto hacia mi persona y mi propio concepto de autovalía.

Hay muchas formas de manifestar los celos conductualmente, pero lo más común suele ser:

- ❀ Vigilancia extrema de lo que hace la otra persona. Lo cual no se restringe solamente a seguirla o espiarla, sino hasta revisar su agenda, su celular y hay quienes llegan hasta oler su ropa interior.
- ❀ Reproches
- ❀ Llorar, sobre todo las mujeres
- ❀ Desvalorización del otro (minimizando las capacidades de la pareja)
  - ✱ "Para qué trabajas si eres una tonta."
  - ✱ "Te vistas como te vistas, de todas formas te ves igual."
  - ✱ "Sin mí te mueres de hambre."
- ❀ Restricción de contactos/actividades (celos amorosos)
- ❀ Chismes, mentiras y rumores (celos profesionales)

Físicamente, ¿cómo sentimos los celos?

- ▣ Con las mismas respuestas que se presentan en la ansiedad (ve la página 33 para mayor detalle).

> ❖ Celos, del griego *zelus* del latín *zelosus*
>
> ▣ Los celos son definidos por el diccionario como la "sospecha, inquietud y recelo de que el ser amado haya puesto o ponga su cariño en otro".

¿Qué pasa si efectivamente la pareja anda con otra o es coqueto(a)?

▣ Si la pareja tiene otra relación amorosa ya estamos hablando de infidelidad y ése sería tema para todo un capítulo. Pero el punto central en este caso es que si la pareja coquetea o mantiene otra relación a final de cuentas me está faltando al respeto. Suena duro, pero él(ella) tiene la libertad de hacerlo, de ser como él(ella) quiera.

▣ El problema está en ¿por qué a pesar de que me faltan al respeto yo (léelo muy bien: yo) me mantengo ahí? ¿Por qué? Es decir, es claro que tengo otras opciones, por ejemplo puedo poner límites y, ¿por qué no?, puedo no estar. Pero por favor, analiza lo que ahorita pasa por tu mente (en caso de que te identifiques con la situación) al pensar en dejarlo. ¿Crees que finalmente va a cambiar? ¿Te sientes tan devaluada e insegura que piensas que "no la vas a hacer" sin él? ¿Tienes miedo a cómo reaccione si le planteas una separación? ¿Has dejado de trabajar porque él te lo pidió o exigió?

Es difícil reconocerlo, pero el conflicto es consecuencia de una baja auto-estima, de no respetarme yo (a mí misma(o) y, por ende, tampoco me respeta mi pareja. Ese miedo que siento es porque no me veo lo suficientemente fortalecido(a) para estar bien conmigo mismo, creo que "necesito a alguien para estar bien". Por eso mismo, es muy probable, que al inicio los celos de tu pareja te hicieran sentir muy bien, muy importante y muy querida.

Si reconoces estas características en ti, por favor acude con un psicólogo, preferentemente de orientación cognitivo-conductual. Pues te ayudará no sólo a reconocer y entender qué es lo que te sucede y por qué te vinculas con este tipo de pareja, sino que además te dará herramientas para que enfrentes tu forma de pensar, para que actúes, paulatinamente, de forma más sana y te sientas en general mejor contigo mismo(a).

Pero yo "nunca" había sentido celos...

- Para empezar, eso no es verdad, pues los sentimos desde niños. Los celos son una emoción universal y se presenta en *todos* los seres humanos y *todas* las culturas, la forma como los exprese cada cultura, cada familia y cada persona en particular depende del entorno y de las reglas que aprendió en la cotidianidad desde pequeño.

- Se conoce con el "complejo de Caín" a la situación en que un hermano mayor siente celos desmedidos de uno menor como "protección" hacia algo que es suyo: sus papás y todo lo que le brindan... ¡ahora tendrá que compartirlos! El primer psicólogo en emplear este término fue Charles Badouin, pero ahora en la cotidianidad y *vox populi* suele escucharse en otros ámbitos, no sólo el familiar.

- En el complejo de Caín esta rivalidad no cesa, sino que se incrementa y genera más conflictos. En muchas ocasiones es (perfectamente) normal al hacerles evaluaciones psicológicas a niños pequeñitos que recién acaban de tener un hermanito, después de haberles pedido que dibujen a su familia, expresan lo siguiente (veamos el ejemplo de una familia constituida por papá, mamá y dos hijos):

—¡Qué bien! ¿Quiénes están aquí? (Psicólogo)
—Mi papito, mi mamita y yo. (Niño)
—¿Y qué están haciendo? (Psicólogo)

—Jugando futbol. (Niño)

—Pero veo la pelota diferente, ¿por qué? (Psicólogo)

—Porque es la cabeza de mi hermanito. (Niño)

◉ Puede sonar cruel, pero los niños pequeñitos, expresan libremente y sin miedo lo que sienten, tal cual lo experimentan. El ejemplo anterior es la expresión de un niñito con celos hacia su hermano. Conforme el niño tenga que convivir con su hermanito, genere tolerancia a la frustración (porque a él le prestan más atención por ser el bebé) integre e internalice las bases de la convivencia y la justicia. Es importante que los adultos le vayan enseñando de forma directa a querer, amar y respetar a su hermano con la finalidad de que pueda vivirlo de una forma más benéfica.

◉ Asimismo existe una explicación psico-biológica a los celos que existen entre hermanos. En una familia donde interactúan varios hermanos se practican las bases para la *justicia* y la *tolerancia a la frustración*. "La vida no es justa, la vida es como es", por lo que en muchos momentos un hermano va a tener más privilegios que otro (atención, regalos, permisos, tiempo de papá o mamá, etcétera), como también más castigos; condición que genera que los hermanos puedan irse identificando entre sí, independientemente de si uno tuvo mayores beneficios que el otro (o castigos); la rivalidad se va diluyendo y los celos se van manejando de forma sana.

◉ Entonces, como vemos, todos hemos sentido celos en algún momento de nuestra vida, porque son inevitables y universales, como ya lo mencionamos. Pero, ¿qué sucede cuando alguien no los experimentaba ni de forma exagerada ni frecuentemente y "de repente" comienza a vivirlos así? Recordemos que la desconfianza y sospecha permanentes son elementos *sinequanon* de los celos y que una persona con auto-confianza y auto-seguridad está más protegida psicológica y emocionalmente ante la amenaza de que su pareja "pueda preferir" a otra más. Ahora bien, en muchos casos se presentan celos compensatorios cuando una de las personas de la pareja se vincula con otra persona que tiene características muy disímiles a ella. Veamos ejemplos más específicos.

❀ En las mujeres suelen presentarse cuando se vinculan con hombres valiosos socialmente o con gran ventaja económica, en donde socialmente hay más (quizá muchas) mujeres que pretendan seducirlos. De tal forma, viven a estas mujeres como amenazantes y francas rivales ante su relación de pareja.

❀ En los hombres suelen presentarse cuando se unen a una mujer más joven y muy atractiva.

❀ "Yo no he deseado jamás en la vida cambiarme por nadie, pues con mis defectos y con mis virtudes siempre supe aceptarme... pero yo nunca sentí celos o envidia de nadie hasta que el destino me puso ante mí tu mirada de ángel..." (*Celos y envidia*, Marc Anthony).

Por último, hay que mencionar que en general a hombres y mujeres suele no gustarnos que traten demasiado bien a nuestra pareja porque esto activa nuestra programación genética de los celos.

Psicopatología: trastorno delirante de tipo celotípico

Los psiquiatras y psicólogos han codificado a los trastornos mentales en un manual diagnóstico conocido como DSM-IV, por sus siglas en inglés, y se basa en investigaciones y estadísticas mundiales con la finalidad de unificar criterios para que todos los profesionales de la salud mental tengan un lenguaje común.

☞ continúa

☞ continuación

En el rubro de esquizofrenia y otros trastornos psicóticos existe una clasificación llamada *trastorno delirante*, cuyos criterios diagnósticos son:

a. Ideas delirantes no extrañas (*Vg.* que implican situaciones que ocurren en la vida real, como ser seguido, envenenado, infectado, amado a distancia o engañado por el cónyuge o amante, o tener una enfermedad) de por lo menos un mes de duración.

b. Nunca se ha cumplido el criterio A para la esquizofrenia.*

c. Excepto por el impacto directo de las ideas delirantes, o sus ramificaciones, la actividad psicosocial no está deteriorada de forma significativa y el comportamiento no es raro ni extraño.

d. Si se han producido episodios afectivos simultáneamente a las ideas delirantes, su duración total ha sido breve en relación con la duración de los periodos delirantes.

e. La alteración no se debe a los efectos fisiológicos directos de alguna sustancia (*Vg.* una droga o un medicamento) o a enfermedad médica.

Existen varios sub-tipos, mismos que a continuación anotamos:

∗ Tipo *erotomaniaco*: ideas delirantes de que otra persona, en general de un status superior, está enamorada de la persona.

∗ Tipo *de grandiosidad*: ideas delirantes de exagerado valor, poder, conocimientos, identidad o relación especial con una divinidad o una persona famosa.

∗ Tipo *celotípico*: ideas delirantes de que el compañero sexual es infiel.

∗ Tipo *persecutorio*: ideas delirantes de que la persona (o alguien próximo a ella) está siendo perjudicada de alguna forma.

∗ Tipo *somático*: ideas delirantes de que la persona tiene algún defecto físico o una enfermedad médica.

∗ Tipo *mixto*: ideas delirantes características de más de uno de los tipos anteriores, pero sin predominio de ningún tema.

∗ Tipo *no especificado*: se aplica cuando la creencia no puede ser determinada con claridad, o cuando la idea no está descrita en los otros tipos.

---

* En el trastorno delirante puede haber alucinaciones táctiles u olfatorias si están relacionadas con el tema delirante.

¿Por qué en los celos hay más de amor propio que de amor?
El mito de Narciso

Según la mitología griega, Narciso era hijo del dios Cefiso y de la ninfa Liríope. Él se enamoró de su propia imagen, reflejada en el agua misma, que al tratar de abrazarla provocó que muriera ahogado.

Del mismo modo, se dice que el celoso está enamorado de su propia imagen proyectada en el otro, de la que (él cree) no puede prescindir. Es decir, realmente no ve al otro, se ve a sí mismo proyectado en ese otro.

¿Pueden los celos y la envidia coexistir en la misma persona hacia la misma situación?

▣ Sí. Ya lo mencionábamos en la página 115, que los celos se activan ante algo que quiero conservar y la envidia ante algo que no tengo. También dijimos que los celos involucran a tres personas: a mí, a quien deseo conservar y a un tercero en discordia; mientras que la envidia involucra a dos: yo y quien posee algo o una cualidad que yo deseo tener y no poseo actualmente.

▣ Una persona con celos puede sentirlos hacia quien "ama" o quiere conservar cerca de él (para él) y sentir a su vez envidia por la tercer persona en discordia. "Envidia, queriendo cambiar yo mi vida por la de ese hombre y amarte hasta que se te olvide... su nombre" (*Celos y envidia*, Marc Anthony).

Los celos son malos consejeros... un consejo final

❀ Permanece consciente de que estás sintiendo C-E-L-O-S, sin quererte engañar o minimizarlos.
❀ Cuanto más conozcas a tu enemigo, más fuerte eres para vencerlo.
❀ Revisa tu actitud ante la persona que incita tus celos.

☞ continúa

☞ continuación

- ❁ Analiza si has estado reclamando, cuestionando o espiando a la otra persona. Si es así, necesitas tomar acción directa sobre esto. ¡Ya!
- ❁ Si se trata de una idea irracional que estás alimentando, tienes que apoyarte en la realidad y eliminarla.
- ❁ Siempre es mejor contar con el apoyo profesional de alguien ajeno al problema.
- ❁ Necesitas aceptarte más, confiar más en ti mismo y trabajar (activamente) en tu seguridad, autoconfianza y autoestima.
- ❁ Si sufres de celos extremos e incontrolables, no lo dudes, acude a un psicólogo.
- ❁ Un estado de celos no es solamente una manera de vivir la relación amorosa (o profesional), sino sobre todo una manera de existir.

Recuerda que el amor puede tener fecha de caducidad, si reclamas o si celas constantemente a alguien va a terminar por acabarse ese amor. Digámoslo así, es como dejar un vaso de leche fuera del refrigerador: se va a echar a perder más pronto... ¡no hagas eso con quienes quieres!

Reclamar es igual a perder. Si quieres perder, distanciar o dañar una relación social: reclama y sin lugar a dudas lo lograrás.

"No nos creas, pero dicen que...": te vamos a contar un chisme

Todos hemos escuchado algún chisme, pero también todos hemos dicho alguno. ¿Por qué solemos encontrar al chisme irresistible? Porque es un sistema de comunicación elemental y cumple con varias funciones en la conducta humana, en la parte social.

El chisme nos ayuda a adaptarnos a un grupo específico, generar redes y fortalecer vínculos dentro de dicho grupo; desde la familia, la oficina, el salón de clases o los amigos. Aunque parezca paradójico, sirve para establecer acuerdos, porque por lo menos las personas que "chismean" sobre alguien más coinciden en algo, lo que genera integración y sensación de pertenencia. También, pretende generar alianzas y en algunos casos influir en los demás, y sirve para transmitir algo que no nos atrevemos a comunicar de forma simple, llana y directa. El chisme ayuda a que circule información que difícilmente se puede transmitir mediante información escrita, aunque su contenido no sea destructivo.

"El jefe está de mal humor, mejor no le presentes tu proyecto ahorita, su esposa vino y le gritó". Quizá puedas pensar en este momento, "Pues sí, pero por qué tiene que estar informando que vino su esposa y le gritó, puede solamente decir que está de mal humor y ya". Y tienes razón, pero es prácticamente imposible en el ser humano mantenerse al margen de los chismes, ya sea contándolos o escuchándolos; para muchos, es literalmente una tentación. Para ciertas personas es más difícil que para otras; más adelante te explicamos qué motivos nos despiertan la necesidad de contar chismes. De hecho, hay algunas personas que emplean la técnica de "no me importa el chisme" justamente para hacer creer que pueden contarle todo porque no es chismoso (o chismosa). Pero la realidad es otra, aunque no vaya y cuente ese chisme a alguien más, está implícito su interés por él. Además, vale la pena decir que está comprendido en el ser humano y no en "el mexicano" exclusivamente. Porque sucede en los mexicanos, los suizos, los árabes, los australianos y los alemanes como en el resto de la población mundial; se ha demostrado que la frecuencia del chisme es universal. Estudios realizados por David Sloan Wilson, en State University, en Nueva York, demuestran que tanto hombres como mujeres dedican aproximadamente entre 50% y 60% de sus conversaciones del día en contenido "chismoso".

¿Es negativo todo el chisme?

▣ No. Por ejemplo, hoy por hoy circulan muchos e-mails sobre tipos de asaltos y cómo prevenirlos, sobre virus que "destrozarían" tu disco duro y bajo qué leyendas no te conviene abrirlos, es decir, algunos chismosos "favorables" nos advierten sobre no abrir un correo electrónico que diga "Happy Birthday" o acerca de no dejar la *laptop* en la cajuela del coche porque hay detectores electrónicos que muchos asaltantes emplean para robarnos. También hay los que nos informan qué nuevo restaurante es altamente recomendable y en cuál han robado varios celulares, al dejarlos olvidados, y no los regresan o dan mal uso. Asimismo, nos advierten todo esto con un gran interés: alertarnos para evitar malos ratos o bien, para fomentar momentos agradables.

▣ Y los chismes también se presentan electrónicamente. La empresa de seguridad Akonix Systems presentó una investigación en Inglaterra en mayo del 2005 con 2,000 usuarios de computadora que usan el *chat*. Akonix Systems estaba interesado en conocer el tipo de información que se suele enviar a través de este medio. Los resultados son muy interesantes, pues encontraron que una de cada cinco personas usa el *chat* en el trabajo y si no hay control en su uso, los empleados suelen utilizarlos para fines personales y chismes o información confidencial de la misma; 25% de quienes lo usan lo hacen para comunicar chismes de la oficina, inclusive para enviar información que sus jefes nunca aprobarían. Akonix Systems puntualizó que 62% de las empresas en el Reino Unido no emplea ningún tipo de protección en el uso del *chat*. Por lo que recomienda proteger los negocios del uso y manejo de esa comunicación por parte de los empleados, de lo contrario, considera que podrían haber consecuencias delicadas.

▣ Aún no hay estudios reportados sobre el uso de los mensajes de texto enviados por celular o SMS (Short Message Service), pero ¿qué tipo de información sueles enviar con tus amigos y conocidos vía SMS?, ¿qué tipo de información te mandan por este medio?

En otro tipo de chismes, seguro recuerdas que cuando hay algún accidente (insignificante o con consecuencias terribles) las personas se aglomeran alrededor, manejan más despacio y tratan de no perderse ni un detalle de lo sucedido. Bueno, pues eso inicia por una necesidad psicológica llamada curiosidad y en muchas personas termina en un chisme, aunque no en todas. La curiosidad cumple con funciones adaptativas porque es una necesidad psicológica; imagínala tal y como la sed o el hambre que nos mueven para satisfacer necesidades propias, así la curiosidad nos mueve para explorar "nuevos caminos". La cuestión aquí es que en algunas personas termina en chisme.

No nos creas pero... tenemos unos datos sobre investigaciones

---

Benedict Carey publicó el pasado 16 de agosto del 2005 en el *New York Times* un artículo titulado *What gossip's good for* (para qué es bueno el chisme) revelando los resultados de diversos estudios sobre el chisme.

Uno de ellos fue realizado en la Universidad de Wisconsin por el antropólogo Kevin Kniffin. Durante 18 meses él observó la interacción social de un equipo universitario mixto conformado por 50 personas, divididas en grupos de cuatro y ocho participantes. Kniffin advirtió que en general mantenían conversaciones que contenían "material chismoso", pero de bajo contenido negativo, es decir, comentaban chismes sobre la comida, la política, etcétera. Posteriormente, ya que

---

☞ continúa

☞ continuación

estaban integrados, incluyó en el equipo a un investigador que fungía como un participante más que no quería trabajar ("el flojo"). Notó que el chisme (negativo) se incrementaba entre los demás miembros del equipo. Después Kniffin analizó que el tipo de afirmaciones que circulaban eran sobre su vida sexual, hacían comentarios crueles sobre su personalidad y su hombría. Cuando "el flojo" se salía del equipo las personas volvían a invertir poco tiempo en el chisme negativo (prácticamente ya no comentaban sobre "el flojo" y su vida personal) y cuando chismeaban se enfocaban principalmente en el chisme no negativo (comida, política, programas de televisión, noticias, sucesos en otros lugares como temblores, huracanes, actos terroristas, etcétera).

¿Qué nos despierta la necesidad de contar chismes?

❀ Buscar integrarnos a un grupo (o mantenernos activos en éste).
❀ Transmitir información sobre conocidos o personas que nos interesan y que sólo lo podemos hacer de boca en boca (nunca por escrito).

Contamos chismes por:

✴ Costumbre
✴ Celos
✴ Envidia
✴ Enojo
✴ Venganza

Del diccionario

❀ CHISME: Murmuración, cuento sobre alguna noticia verdadera o falsa para dañar a alguien.

❀ DIFAMACIÓN: Daño que se hace a la reputación de una persona publicando cosas que perjudiquen su buena fama.

❀ CALUMNIA: Acusación falsa, hecha maliciosamente para causar daño.

❀ MENTIRA: Expresión o manifestación contraria a lo que se sabe, cree o piensa.

¿Qué diferencia hay entre una mentira, un rumor y un chisme?

🔲 Hablar de mentiras y rumores merece todo un capítulo aparte porque es importante hablar sobre la intencionalidad de las mentiras (engañar) y los rumores (manipular), así como de las personas farsantes, de las mentiras blancas y piadosas, de la mentira emocional y de la conductual, además de la intelectual; de la mentira en la mercadotecnia ("lo que los publicistas no dicen sobre los efectos de sus productos" o bien, lo que dicen que "hacen" sin ser cierto); de las mentiras y rumores en la política; del mentiroso ocasional, del mentiroso frecuente, del habitual y del profesional. En fin, hay muchísimos aspectos que abordar en la mentira y el rumor.

🔲 Para que una mentira sea una mentira debe llevar la intención de *engañar*. Podemos mentir por acción: "No se preocupe señora, yo mañana domingo vengo a arreglarle la lavadora, confíe en mí" (y por supuesto, no acude a arreglarla), o por omisión: no decirle a alguien algo que sabemos cuando nos lo pregunta. El mentiroso es un inseguro, o un egoísta, o un irresponsable, o inmaduro. O todo lo anterior en conjunto.

🔲 Se dice que el chisme y el rumor son primos hermanos; sin embargo, el segundo se origina en aquellos que no tienen voz, o bien la tienen, pero pretenden generar información a su favor para minimizar a sus contrincantes. Por su parte, el rumor se mueve en un ambiente de información insuficiente. No integra. No establece acuerdos. No da sensación de pertenencia. No fortalece vínculos ni genera alianzas. Mantiene a una sociedad desinformada y manipulada.

Funciones del chisme en el ser humano

- ✿ Adaptarnos a un grupo (familia, escuela, trabajo, amigos, etcétera).
- ✿ Establecer acuerdos. Porque por lo menos los que "chismean" están de acuerdo y eso genera integración y sensación de pertenencia.
- ✿ Fortalecen vínculos.
- ✿ Generar alianzas y en algunos casos hasta influir en los demás.
- ✿ En muchos medios, como la familia y oficina, promueve la transmisión de información, que aunque no sea destructiva, no puede ponerse por escrito, o bien, la comunicación se hace mucho más rápida.

Obviamente existen revistas que no sólo transmiten esa información por escrito, sino hasta incluyen fotos (y entre más reveladoras, más público las compra). Pero como en esas mismas revistas y hasta en programas de televisión comentan: "Contamos chismes porque el público lo pide y los ve, si no fuera así no existiríamos".

Si no, ¿cómo te explicas que existan tantos paparazzi?

Mentiras	Rumores
✿ Tiene la intención de engañar	✿ Se origina en quienes no tienen voz
✿ Puede ser por acción o por omisión	
✿ Al hacerlo, la persona se muestra con alguna de estas características:	✿ O en quienes la tienen, pero buscan manipular la información a su favor
▣ Insegura	✿ Pretende minimizar a algún contrincante
▣ Egoísta	✿ Se mueve en un ambiente de información insuficiente
▣ Irresponsable	✿ No integra
▣ Inmadura	✿ No establece acuerdos

☞ continúa

☞ continuación

> ❀ No genera sensación de pertenen-
> cia
> ❀ No fortalece vínculos
> ❀ No genera alianzas
> ❀ Mantiene a una sociedad desin-
> formada y manipulada

¿De quiénes se suelen contar chismes?

▣ De quienes conocemos, queremos, nos interesa o convivimos. ¿Te interesaría saber que Ana Perruchoud está embarazada, pero su marido, Andrew, la acaba de dejar por otra?
No, porque contar o escuchar chismes de un desconocido
genera poco interés.

El trío dinamita: ignorancia, desmemoria y repetición

▣ Al igual que con la mentira, los chismes apelan a la igno-
rancia, a la desmemoria de quienes los escuchan y a la re-
petición para que tomen cada vez mayor fuerza y credibilidad entre quienes los cuentan y los escuchan. A pesar de
que en el Diccionario de la Real Academia Española se incluye la intención de generar daño, hemos analizado que
no todos los chismes buscan dañar (como los e-mails de
buenos consejos y recomendaciones que prácticamente todos hemos recibido y retransmitido); sin embargo, muchas
veces los chismes llevan la "baja" intención de generar daño. No obstante pueden, afortunadamente, presentar un
efecto boomerang, es decir, que estas consecuencias negativas que busca quien los cuenta del otro se le regresan. El
análisis del chisme se maneja en el mundo psicológico, social y antropológico, pero no en el jurídico. Sin embargo,

la calumnia y la difamación sí tienen connotación legal, se encuentran contemplados en el código penal.

▣ Algunas personas lo hacen por envidia, por celos (amorosos o profesionales), por buscar "quién se las pague, no quién se las deba", por querer desprestigiar directamente a alguien por desagrado a esa persona o, bien, por no querer ser blanco de chismes y entonces los generan en los demás para distraer la atención de quienes los rodean. Por la razón que sea, algunas personas destruyen directa y activamente a los demás, buscando mediante el chisme influir negativamente en su reputación, en su prestigio, en su dignidad y hasta en su autoestima; algunas incluso llegan a generar calumnias y difamaciones: mentiras abiertas o veladas.

¿Qué hago si alguien me inventa un chisme?

No podemos hacer una receta de cocina, pues depende de cada caso en particular, pero sí te podemos dar algunas recomendaciones generales:

- ❁ No reacciones de forma impulsiva o enojada. ¿No crees que eso es justamente lo que satisfaría a quien inició el chisme? ¿Es lo que quieres, darle gusto?
- ❁ Si fuera necesario tener que confrontar a esa persona, por favor, espera a que pase tu emoción de enojo, frustración, tristeza, o la que fuera. Y una vez calmado, actúa.
- ❁ Si te enteras del chisme en público te conviene mandar dos mensajes: 1) que no tienes nada qué esconder ni de qué avergonzarte y 2) quitarle credibilidad al que generó el chisme.
  - ✱ Sonríe y comenta tranquilamente: "¿Eso es lo que dicen de mí? No entiendo por qué alguien puede 'invertir' tiempo en propagar mentiras".
- ❁ "El que pega primero pega dos veces", actúa primero tú propagando el chisme (tú mismo): "¿Ya te enteraste lo que dijeron de mí? ¡Qué risa!" (sonríe y muéstrate tranquilo y extrañado, pero nunca enojado u ofendido.
- ❁ Si te preguntaran si es verdad, por supuesto di que no. Y si puedes, añade: "Yo sólo me preocupo de los chismes que son ciertos, de los que no, pues no... (sonríe)... ¿no ves qué tranquilo estoy?"

Se dice que el chisme genera endorfinas,[13] ataca el estrés y por ende, fortalece el sistema inmunológico. Todos hemos estado en los dos lados de la moneda, y aunque no nos guste que cuenten chismes de nosotros, si hemos disfrutado junto a un buen amigo, tomando un cafecito y pasando un rato de relajación contando algunos. No es nada más un pasatiempo trivial sino una función social con efectos saludables, cuando no llevan la negativa consigna de dañar a un tercero.

El chisme es inherente a nuestra conducta humana y no podemos escapar de él, todos hemos contado alguno, todos. Pero por favor, evita tener la fama de "el chismoso", de "el que tiene las últimas noticias de los demás". Porque recuerda que la confianza no se gana, se otorga, y es mucho más fácil otorgarla al honesto que al deshonesto.

> Un chisme es como una avispa; si no puedes matarla al primer golpe, mejor no te metas con ella.
>
> GEORGE BERNARD SHAW

> El chisme es como el dinero: hay que contarlo.
>
> DICHO POPULAR

---

[13] Endorfinas: son sustancias bioquímicas con propiedades analgésicas (quitan el dolor) y generan placer.

Capítulo 9
Nuestro estado de ánimo

Festejemos: los efectos de la alegría

La alegría es una emoción básica y universal. Sin embargo, no ha generado el mismo interés de los psicólogos por investigarla como las emociones o sentimientos negativos (la tristeza, el enojo, la envidia, los celos o muchas otras emociones).

Pese a todo lo anterior, la alegría tiene una función adaptativa y de evolución, como las emociones negativas. Por ejemplo, si una persona sonríe más que otra y las dos entran al mismo evento social, la primera va a tener mayor probabilidad de éxito, es decir, que se aproximen más a ella, que los demás le hagan plática, que logre más cosas; todo lo contrario que aquella que se mantiene seria y sin sonreír. A final de cuentas, el que está alegre sonríe más. Desde la prehistoria el hombre se ha inclinado por acercarse más a quienes están más contentos y felices; esto ha ayudado a nuestra especie a evolucionar. En su libro *Expression of the Emotions in Man and Animals,* Charles Darwin señala la función adaptativa de la expresión social de felicidad ya que otorga una ventaja de supervivencia cohesiva para el grupo o sociedad. ¿Por qué? Porque voy a atraer a más personas para socializar. Si socializo más aumentan mis probabilidades de escoger a un "mejor partido" para que mis genes se transmitan y así pueda seguir evolucionando. Además, si atraigo a más personas, cuando tenga una dificultad también voy a tener quién me ayude y no perezca en mi evolución. Finalmente, como dice el dicho popular: "quien canta sus males, espanta".

¿Conoces a alguien que haya comentado que al ver un paisaje hermoso sintió una alegría que no sabe cómo explicar? Es porque la alegría nos ha ayudado a evolucionar y también a adaptarnos al ambiente o a los lugares donde tenemos que vivir. Está comprobado que las emociones aumentan de intensidad cuando nuestro cuerpo se activa fisiológicamente. Es una capacidad innata, codificada en nuestros genes, con la que cuenta el ser humano, si a esa capacidad le agregamos la influencia cultural o el aprendizaje, nuestro cuerpo se va a activar (fisiológicamente), la emoción va a incrementar, (en este caso la alegría) y nos vamos a adaptar más fácilmente a esa situación. Veamos un ejemplo general: una persona ha estado viviendo en un lugar donde no es feliz, sea porque hay hostilidad hacia él o porque no tiene la libertad de acción que quisiera, aunque el lugar donde vive sea físicamente agradable. Sin embargo, al mudarse a otro que no es hermoso físicamente, pero recibe cordialidad y aceptación, o bien, esa libertad de acción que deseaba, su cuerpo va a activarse (va a emocionarse) y va a sentir alegría. Ésta va a ayudarlo para que aprecie ese lugar (no hermoso físicamente), lo perciba más hermoso y lo disfrute más; en otras palabras, se va a poder adaptar más rápidamente. Veamos otro ejemplo, pensemos en aquellas personas que han tenido que salir de su país o ciudad de origen por problemas económicos, políticos o sociales y han tenido que llegar sin las comodidades o sin sus pertenencias a lugares físicamente desagradables e igualmente, con problemas económicos o con dificultades sociales, pero con vida y libertad. Su cuerpo cuenta con la capacidad de activarse fisiológicamente (de emocionarse) y de potenciar el efecto de la alegría. Esta característica es la que ha ayudado (entre muchas otras) al ser humano a arraigarse a nuevos lugares con mayor facilidad y así poder sobrevivir y reproducirse en otras partes.

La alegría es una emoción que despierta *excitación e interés*, lo cual nos va a llevar a explorar nuevos horizontes. Es más intensa en los niños y en los jóvenes porque permite enfrentar la novedad con menor miedo. En los adultos y personas mayores se mantiene, pero con menor ímpetu. Digámoslo así, ya no nos emocionamos igual ante los cuentos de hadas que como lo hacíamos cuando éramos pequeños, ¿o sí? Sin embargo, el sentido del humor no envejece; simplemente quizá también varía nuestra capacidad para comprender las bromas y los chistes, pero no nuestra capacidad para lanzar una carcajada a todo pulmón o la capacidad de disfrutar una situación placentera. Las risas, sonrisas y carcajadas son iguales a cualquier edad, aunque quizás los estímulos que nos las despiertan sean diferentes en cada etapa.

A veces lloramos de alegría

Es una condición universal. En ese sentido Charles Darwin refirió que en momentos de alegría los chinos, hindúes, malayos, aborígenes australianos, etcétera la presentaban. No todas las personas lloran de alegría, pues hay muchas que ni siquiera lloran en años ante eventos tristes o de pérdida, pero es una característica que nuestro cuerpo presenta. Sin embargo, podemos mencionar tres situaciones en las que algunas personas pueden llorar de alegría.

Lágrimas de victoria

- Cuando sentimos una emoción positiva (alegría, amor) o negativa (enojo, angustia) nuestro cuerpo se activa. Esto es gracias a un sistema fisiológico llamado *simpático*. Cuando nos tranquilizamos es gracias a la activación de su contraparte, el *sistema parasimpático*. El sistema simpático hace que el corazón lata más aprisa para bombear más sangre y más rápido para que las sustancias bioquímicas lleguen a los órganos y músculos que necesitan activarse; hace que respiremos más rápido y nos pone "en acción". Si te observas, cuando estás enojado, angustiado, excitado sexualmente, haces ejercicio o estás ante una situación de gran felicidad, tu cuerpo presenta ciertas respuestas fisiológicas de la misma forma: tus músculos están tensos, tu respiración es rápida y corta (con la parte superior de tu pecho), tu corazón está acelerado; aunque no lo notes, tus pupilas están dilatadas, entre otras respuestas físicas. Lo que cambia es el contexto externo y tu pensamiento ante la situación, digamos "el micrófono" que está en tu cabeza.

▣ Cuando estamos muy alegres, como los deportistas cuando escuchan su himno nacional al recibir una medalla olímpica después de mucho esfuerzo para lograrlo, lloramos. Es una respuesta fisiológica más que se activa cuando el sistema simpático entra en acción ante una emoción.

▣ No sólo los deportistas o las "Miss Universo" lloran de alegría. El 8 de noviembre del 2000, Bill Clinton dejó ver una lágrima cuando festejaba con Hillary la victoria de ella en las elecciones al senado. La pregunta que debemos hacernos sería: ¿todas las lágrimas y sonrisas de alegría son sinceras? Vamos a platicarte de esto un poco más adelante.

Lágrimas de reencuentro

❀ Hay personas que lloran con un ser querido cuando se reúnen con él después de una separación. Inclusive, les pasa a muchos que al ser testigos de una situación similar (aunque no les pase a ellos directamente) lloran, como en el cine. Esto último es porque se proyectan en esa situación y la viven conforme la presencian, aunque sea en otros. Muchas personas refirieron esto cuando vieron la película de *La vida es bella*, de Roberto Benigni (1998), especialmente en la escena cuando su hijo reencuentra a su madre en un tanque de guerra, como él soñaba estar algún día, sin haber muerto, sin haber sufrido los efectos de vivir en un campo de concentración, todo gracias a que su padre hizo todo lo que estuvo en él para lograrlo.

❀ En algunas ocasiones brotan lágrimas de alegría porque van mezcladas con tristeza: alegría por volver a estar con esa persona y tristeza por el recuerdo de los sufrimientos pasados o por la perspectiva de una posible o futura pérdida.

Lágrimas de ayuda o protección

❀ Las lágrimas tienen una función social: pedir ayuda para atraer a las personas hacia nosotros de forma empática (tratando de entender lo que sentimos).

❀ En caso de victoria, las lágrimas quizá tienen la función de calmar la envidia y la hostilidad de quienes no lograron el éxito. A final de cuentas, es más fácil sentir resentimiento o envidia hacia quien nos ganó y está alegre que a quien llora, a pesar de que nos ganó.

La alegría es una emoción intensa y deseable, pero ¿quisieras sentirla de forma constante y permanente?

▣ Además de que la alegría no es factible permanentemente, no nos podríamos adaptar al mundo y no podríamos haber evolucionado como especie; ya no sería alegría.

▣ Quizá entonces sea mejor buscar estar de buen humor y sonreír más.

La risa y el buen humor están relacionados con aspectos de la salud, especialmente aquellos asociados en el sistema inmunológico, el sistema cardiovascular y la percepción del dolor.

Cuando estamos estresados liberamos cortisol, el cual nos desgasta y nos hace más vulnerables ante las enfermedades, ya que las defensas de nuestros sistema inmunológico descienden con estas sustancias bioquímicas (lee los temas de las páginas 19 y 27).

Efectos benéficos del buen humor

❀ Nos hace más creativos.

❀ Si trabajamos en un ambiente laboral que se caracteriza no sólo por cordialidad sino por su buen humor, va a hacer que además de que vayamos con mayor gusto a trabajar seamos más productivos.

❀ Nos hace ayudar más a los demás.

❀ Además de observarlo en las personas, se han hecho estudios psicológicos que demuestran que cuando una persona está de buen humor tiene mayor disponibilidad para ayudar a alguien más.

❀ También se ha visto que el efecto del buen humor para ayudar a otro suele manifestarse con corta duración y con una ayuda moderada.

❀ "Si estoy de buen humor voy a querer ayudar a la persona que me pide unas monedas en la esquina o me limpia el parabrisas, pero no voy a querer invitarle una comida o pagarle más allá de unas monedas".

❀ Nos permite tomar mejores decisiones.

❀ Las emociones irracionales (intensas y sin control, como la ira o la angustia) interfieren con la concentración, atención y pensamiento en general.

❀ Nos hace más creativos.

❀ Sin embargo, se ha demostrado que las personas que están de buen humor analizan los problemas de forma más metódica y rápida que quienes están con una emoción "neutra".

❀ También suelen evitar conclusiones rápidas y su razonamiento es de mejor calidad.

☞ continúa

☞ continuación

❀ Nos hace más emprendedores.	❀ Ante el buen humor solemos aceptar riesgos moderados con mayor facilidad que al estar de "mal humor".
	❀ Lo cual no implica que las personas de buen humor suelan correr riesgos exagerados, al contrario.

Al reírnos, además de relajarnos físicamente liberamos endorfinas, específicamente encefalinas, que funcionan como un analgésico en nuestro sistema, por eso sentimos menos dolor cuando están en el cuerpo. Por ejemplo, los maratonistas después de correr por largo rato bajo un esfuerzo sostenido liberan encefalinas, por eso refieren como placentero y adictivo el correr, pues las encefalinas les anestesian el cansancio que experimentan, les sube el umbral al dolor y les genera placer.

El sistema inmunológico actúa por medio de glóbulos blancos que luchan contra la infección. Por otra parte la risa tiene un efecto favorecedor sobre tres clases de glóbulos blancos: linfocitos, granulocitos y monolitos, ya que los incrementa. Lo mejor de todo es que estos efectos a menudo se prolongan hasta el día siguiente.

Al reírnos activamos tanto el sistema muscular, el digestivo, el cardíaco, inmunológico así como al cerebro. Con lo que se estimula y fortalece nuestra salud y relajándonos para poder disfrutar más de la vida.

Si te fijas, reír nos da muchos beneficios.

También se ha notado que la risa genera incrementos significativos en productos de linfocitos como las células de muerte natural y gamma interferon, que se encargan de atacar células no sólo virales, sino también tumorales. ¿Viste la película de Patch

Adams? Por eso él proponía incluir en el tratamiento base el sentido del humor y la risa, incluyendo a quienes sufrían de cáncer.

Efectos benéficos de la risa	
Psicológicos	Fisiológicos
❀ Nos hace más susceptibles a la alegría, a gozar y a la confianza ante la adversidad.	❀ Nos relaja.
❀ Nos produce un efecto catártico, de liberación emocional.	❀ Libera endorfinas (encefalinas) que funcionan como un analgésico "natural" en el cuerpo.
❀ Nos facilita comunicarnos y estar con más energía, para afrontar la vida de forma más positiva.	❀ Disminuye el cortisol (hormona del estrés) y fortalece nuestro sistema inmunológico.
	❀ El umbral al dolor se incrementa.

Pero independientemente de todo lo anterior, queremos hacer énfasis que en problemas emocionales como la depresión es importante que la persona se someta a un tratamiento adecuado (farmacológico con un psiquiatra y terapéutico, especialmente la terapia cognitivo-conductual), porque si bien la risa y el buen humor le van a dar beneficios, no lo van a aliviar de su depresión.

¿Y las carcajadas?

Las carcajadas tienen un poder casi mágico ya que rejuvenecen (por lo menos el alma), adelgazan, sirven como relajante muscular, eliminan el estrés, son analgésicas y, lo mejor, son gratuitas.

¿Sólo los humanos sonreímos?

❀ No. Se ha observado en jóvenes chimpancés "una cara juguetona" con su vocalización asociada que acompaña acciones como el juego, las cosquillas o el juego de morder.

❀ En el ser humano, la sonrisa como respuesta suele aparecer dentro de las primeras cinco semanas de vida; la risa suele aparecer alrededor del cuarto mes.

¿Todas las risas, sonrisas, carcajadas y lágrimas de alegría son sinceras?

* No.

* El acto de reír y sonreír, y hasta llorar por alegría, pueden producirse espontáneamente, por estar de buen humor o por las circunstancias o consecuencias agradables que se nos presenten, pero también pueden presentarse bajo la voluntad, el artificio y la falsedad.

* El primero en describir y diferenciar entre una sonrisa sincera y una falsa fue el médico francés Duchenne de Boulogne, en el siglo XIX. Paul Ekman (etólogo, experto en emociones) en honor a él propuso llamar a la sonrisa de alegría verdadera como: "sonrisa Duchenne".

¿Cómo es la sonrisa Duchenne?

Te la explicamos en el siguiente cuadro:

Sonrisa vacía	Sonrisa verdadera o Duchenne
❀ Contrae el cigomático (mejilla o pómulo) y todo el orbicular. ❀ "Arruga" los ojos. ❀ Richard Nixon.	❀ Contrae el cigomático (mejilla o pómulo) y la parte externa del orbicular. ❀ Sus ojos "sonríen" (brillan). ❀ Bill Clinton. ❀ Julia Roberts.

Parece difícil notar estas diferencias, pero observa a algún niño pequeño cuando sonríe en presencia de sus padres: cuando se siente en confianza esboza una sonrisa Duchenne. Pero, cuando se acerca un extraño y llega a sonreírle... ¿es igual su sonrisa?

Los psicólogos han llegado a establecer hasta 180 tipos diferentes de risas. A continuación mencionamos solamente algunas de ellas.

- Mona Lisa: sonrisa ligera, con la boca cerrada.
- Normal: labios a punto de separarse, expresiva y franca.
- Amplia: se asoman los dientes.
- Congelada: risa ahogada, reprimida. La mano se lleva a la boca o se encogen los hombros y se desvía la mirada.
- Risa desbordante, expresiva y expansiva: echar la cabeza hacia atrás, cerrar los ojos y encoger los hombros.
- Risa franca. Excelente para la salud; es la que ayuda a fortalecer el sistema inmunológico, relaja los músculos y nos da grandes beneficios. Generalmente hay un estímulo que la provoca: chiste, recuerdo, suceso gracioso o hilarante. Practícala lo más que puedas.
- Risa amistosa y jovial. Es expresiva y franca, nos abre las puertas. ¡¡A practicarla todos!!
- Risa vacía o insustancial. No es honesta ni nace de adentro. Evítala, finalmente, aunque la otra persona no sepa esto que estas leyendo lo va a "sentir", va a saber que esa risa no es sincera.
- Risa nerviosa.
- Risa coqueta.
- Risa de cómplices.
- Risa patológica. La risa puede ser señal de enfermedad. Las carcajadas aberrantes se dan en desórdenes neurológicos o lesiones cerebrales (parálisis pseudo-bulbar, esclerosis lateral y esclerosis múltiple, entre otros). Es habitual que las enfermedades del sistema nervioso, como la esquizofrenia o

el trastorno bipolar (manía), estén acompañadas de muecas sin sentido y risas inmotivadas.

▣ Risa burlona, cínica o sarcástica. Haz la risa que quieras, menos ésta porque es malintencionada y busca rechazar, ridiculizar o minimizar a alguien más. Puede ser que en el momento liberes alguna inseguridad, pero en el fondo, habla muy mal de ti. No la hagas, por favor.

Sin duda, a nadie nos gusta hacer el ridículo; sin embargo, la mayoría de las personas suelen reírse o sonreírse cuando ven el ridículo en alguien más, inclusive aunque no se pretenda hacer sentir mal a la otra persona.

El miedo al ridículo nos limita a liberarnos de él a través de una de las armas más poderosas: el humor.

Recomendaciones generales	
Lo que sí	Lo que no
❀ Ríete de ti mismo (a solas o enfrente de los demás): signo de madurez.	❀ No seas crítico o duro contigo mismo y/o con los demás.
❀ Acércate a quienes ríen con facilidad, la risa tiene una cualidad, es contagiosa.	❀ No practiques la risa burlona, cínica o sarcástica.
❀ Cuenta chistes, ve programas de TV o películas graciosas y haz todo lo que te lleve a esbozar una sonrisa o una franca carcajada.	

Datos interesantes

◉ Una hora de angustia equivale a cinco horas de trabajo físico en cuanto a cantidad de energía consumida.

◉ Desde que los seres humanos nacemos hasta los seis años, reímos unas 300 veces diarias.

❀ Cinco minutos de una buena risa a carcajadas, equivalen a 45 minutos de ejercicio.

❀ Ya adultos, los más risueños alcanzan 100 risas al día y los menos alegres apenas llegan a 15.

✱ Las risas verdaderas, explosivas, hacen mover 400 músculos en todo el cuerpo.

✱ Las personas que ríen poco, o carecen de sentido del humor, son más propensas a padecer enfermedades graves.

La vida es una tragedia si la vemos de cerca y una comedia si la vemos de lejos.

CHARLES CHAPLIN

Puede que encuentren a alguien que haga el trabajo tan bien como yo, pero no creo que encuentren a nadie que se divierta tanto al hacerlo.

BILL CLINTON

Muchas personas se pierden las pequeñas alegrías mientras aguardan la gran felicidad.

PEARL S. BUCK

> El hombre se complace en enumerar sus pesares,
> pero no enumera sus alegrías.
>
> FIODOR MIJAILOVICH DOSTOIEWSKY

Antes de concluir quisiéramos hacerte unas preguntas, sobre todo para que te las respondas a ti mismo:

- ¿Cuáles han sido los momentos más felices de tu vida?
- ¿Cuáles han sido los momentos de felicidad que has echado a perder?
- ¿Puedes reconocer por qué y estar consciente de ello para tratar de no repetirlo?
- ¿Qué podría hacerte sentir feliz hoy?
- ¿Qué podría hacerte sonreír más hoy?
- ¿Cuál es el animal que después de muerto da muchas vueltas?... El pollo rostizado.

Sonríe.

- Haz que la risa sea parte de tu vida cotidiana y libera encefalinas.

Cómo influyen las canciones en nuestro estado de ánimo

La música es un movimiento organizado de sonidos a través de un continuo de tiempo. Tanto la melodía, como la letra de las canciones, nos hace vibrar, comenzando por nuestras neuronas hasta llegar a nuestras conductas, pasando por nuestros pensamientos y nuestras emociones.

La música desempeña un papel importante en todas las sociedades y existe en una gran cantidad de estilos según las diferentes regiones geográficas o épocas históricas. No importa la edad, género o posición social, la música es para todos nosotros, incluso desde el vientre materno (los sonidos nos van moldeando hacia una vida con música: latido de corazón de mamá, su fluido de sangre y su respiración), hasta la marcha fúnebre que nos acompaña hasta el último momento en esta Tierra. Si bien la música no conlleva un propósito de supervivencia, sí mantiene un lenguaje universal comprensible por oyentes de cualquier cultura.

La música es un medio de expresión, para nosotros mismos y hacia los demás; la música nos une e identifica: como países a través de cada himno nacional y música regional, como adolescentes con el grupo de rock (entre muchas otras opciones) que elijamos. Todo depende de nuestros gustos, tendencias y condicionamientos a lo largo de nuestra historia. ¿Te imaginas una corrida de toros sin "su" paso doble?, ¿una película sin música?, ¿una boda sin la marcha nupcial? O ¿un desfile militar sin sus trompetas?

¿Por qué no escuchamos la misma música en el gimnasio que en un contexto de seducción?

Porque la música es algo más que unos sonidos considerados armónicos, puesto que si fuera así bastaría con cualquier ruido rítmico para atraer a las personas hacia un contexto o evento específico; sin embargo, es obvio que no es así.

Tan grande es la influencia de la música sobre los seres vivos, que no sólo nos une e identifica, sino que también se ha utilizado tanto para potenciar la agresividad como la tranquilidad, del mismo modo que se emplea para dormir, relajar, estimular o concentrar. Todo depende del tipo de música y el momento adecuado para escucharla. La música, independientemente de la letra, comunica un mensaje. En ese sentido, son necesarias las palabras para que la música tenga significado.

Se ha comprobado el efecto que tienen los sonidos musicales por medio de ecografías en el desarrollo del niño cuando está en el útero materno. Se ha visto que cuando la madre escucha música clásica se producen movimientos lentos en el niño y ninguna alteración de sus registros cerebrales y de circulación; la música rock suele provocar mayores movimientos y aumentos en su frecuencia cardíaca.

Asimismo, en niños y adultos, se ha comprobado cómo la música incrementa diversas funciones cerebrales, como la creatividad y tareas viso-espaciales, como hacer rompecabezas. Por eso, la música debe ser estudiada en relación directa con el sistema nervioso (nuestras neuronas y funcionamiento cerebral y sus efectos), porque indiscutiblemente de ahí proviene: de un sistema nervioso hacia otro sistema nervioso; el creador de música actúa como emisor y quien la escucha como receptor. El sistema nervioso recibe el mensaje musical y se encarga de distribuirlo al cuerpo a través de un recuerdo, una ilusión, un estado de ánimo, ya sea solos o en compañía. El oído es el primer filtro para iniciar este proceso.

La música de Mozart respecto a la de otros músicos posee propiedades específicas que la distinguen, pues los ritmos, las melodías, la métrica, el tono, el timbre y las frecuencias logran estimular el cerebro humano, especialmente en aquellas zonas cerebrales relacionadas con el hemisferio derecho (función espacio-temporal). Este efecto se produce debido a los ritmos, melodías y frecuencias altas de su música, que son sonidos profundamente armónicos estimuladores del cerebro (tanto el neo-córtex, como el sistema límbico). Lo cual permite que la persona que escucha esta música vibre tanto cognitiva (cerebro) como emotivamente. Entonces ha quedado demostrado cómo la música no sólo activa las redes neuronales, sino también la concentración, la atención, la memoria y la creatividad, fundamentales para el proceso del aprendizaje.

Pero, ¿en qué forma influye la música en nuestro estado de ánimo y nuestra conducta?

La música desborda tantas emociones como recuerdos. Desde leer el título de una canción como al encontrarnos con la portada de un CD que lleva "la canción" de una época especial o importante para nosotros, influyendo de tal manera que comenzamos a generar:

- Activación fisiológica: latir del corazón, "mariposas en el estómago", ganas de llorar, sensación de cansancio ("baja de pila"), etcétera.
- Emoción en particular: tristeza, nostalgia, alegría, indignación, etcétera.
- Respuesta conductual: llanto, bailar, cantar, etcétera.

Hay quienes dicen:

—Yo no puedo escuchar la canción de *Mi viejo* sin llorar (*conducta*), porque me siento triste y se me *baja la pila* (*fisiología y emoción*); por eso, en cuanto la escucho le cambio (*conducta*).

Así como la música está dividida en géneros, el estado de ánimo que ella nos provoca también. Por un lado, solemos escuchar cierto tipo de música dependiendo de qué estado de ánimo tengamos. Los psicólogos cognitivo-conductuales explican esto no sólo en la música, sino en la vida en general, pues de acuerdo a lo que pensamos es como sentimos. Pero a su vez, las emociones retroalimentan el pensamiento. Es por eso que solemos escuchar a algunas personas decir: "cuando estás enamorado todo lo ves bello, cuando estás triste todo lo ves gris y cuando estás enojado todo te molesta". Es porque el pensamiento dirige lo que sentimos y lo que sentimos retroalimenta lo que pensamos y así lo fortalece.

De esta forma, cuando nos sentimos tristes solemos escuchar canciones cuya melodía y letra refuerzan (y mantienen) dicha tristeza. Lo mismo sucede con canciones que nos retroalimentan emociones como enojo, alegría, etcétera.

De acuerdo como pensamos es como nos sentimos. Pero ¿cómo puedo identificar esa forma de pensar?

Todos (todos) los seres humanos pensamos de forma irracional (que no es lo mismo que negativamente) y distorsionamos nuestro pensar; a lo que técnicamente se le llama distorsiones cognitivas. No importa dónde haya nacido la persona (China, Inglaterra, Argentina, Italia o México, por ejemplo) porque todos los seres humanos solemos pensar irracionalmente. Aunque no pensamos así todo el tiempo, sí lo hacemos frecuentemente.

A continuación te presentamos una lista con algunos de los errores de pensamiento más comunes:

Error de pensamiento	Definición y ejemplos
Pensamiento dicotómico	Se refiere a que las cosas se colocan en 2 categorías excluyentes, sin términos medios (blanco o negro).
	◆◆◆
	"Lo vas a pagar muy caro, yo soy bueno a la buena y por la mala soy muy malo" (*La farsante*, Juan Gabriel).
	◆◆◆
	"Llama por favor soy un cero a la izquierda, soy un globo sin gas, un barco en alta mar sin patrón a la deriva" (*Llama por favor*, Alejandra Guzmán).
	◆◆◆

☞ continúa

☞ continuación

Generalización	La presencia de un evento es considerada como una característica definitoria de vida y no como un evento más dentro de muchos otros (considerar a alguien "tonto" por haber cometido un error).

◆◆◆

Obtener una conclusión generalizada a partir de un solo evento o incidente.

◆◆◆

"Usted es la culpable de todas mis angustias, y todos mis quebrantos" (*Usted*, Moris Zorrilla).

◆◆◆

"Sin ti, no podré vivir jamás y pensar que nunca más estarás junto a mí... Sin ti, es inútil vivir, como inútil será el quererte olvidar" (*Sin ti*, Pepe Guízar).

◆◆◆

Abstracción selectiva	Un aspecto de una situación compleja es foco de atención y otros son ignorados.

◆◆◆

Es centrarse sólo en los detalles negativos o en lo que confirma sus creencias. Percibir sesgadamente.

◆◆◆

Visión de tunel.

◆◆◆

"No juegue con mis penas ni con mis sentimientos que es lo único que tengo... Usted es mi esperanza, mi última esperanza, comprenda de una vez" (*Usted*, Moris Zorrilla).

◆◆◆

☞ continúa

☞ continuación

Lectura del pensamiento	La persona infiere la intención o evaluación negativa de los demás sin evidencias ("seguro que pensaron que soy un idiota").
	♦♦♦
	Consiste en suponer lo que ocurrirá dentro de un tiempo y tomarlo como algo real.
	♦♦♦
	Es el creer que todos piensan o actúan como uno. Concientes de ello o no, las personas ponen sus propios pensamientos en los demás y reaccionan a ello como si fuese verdadero.
	♦♦♦
	"Se te olvida que me quieres a pesar de lo que dices" (*La mentira*, Álvaro Carrillo).
	♦♦♦
	¿Cómo puedo saber que me quiere?, ¿cómo puedo leerle el pensamiento? Cabe la gran posibilidad de que ya no me quiera y no esté dispuesto a darme cuenta.
	♦♦♦
Adivinación del futuro	La persona anticipa la conducta de otros o de sí mismo de manera negativa.
	♦♦♦
	"Yo seguiré siendo el cautivo de los caprichos de tu corazón" (*La barca*, Roberto Cantoral).
	♦♦♦
Minimización-maximización	Características o experiencias positivas son tratadas como reales, pero insignificantes ("sé que soy un buen estudiante, pero eso qué importancia puede tener").

☞ continúa

☞ continuación

Error a la hora de evaluar la magnitud o significación de un evento. Lo bueno es pequeño y lo malo es enorme.

♦♦♦

"Si tu no estás aquí me sobra el aire... la gente se hace nadie... Derramaré mis sueños si algún día no te tengo, lo más grande se hará lo más pequeño..." (*Si tú no estás aquí*, Rosana).

♦♦♦

Imperativos

Deberías

El uso de "debo que" y "tengo que" como argumento para la motivación o control de la conducta ("yo debo quererla porque es mi esposa").

♦♦♦

Transformación de nuestros gustos, preferencias, deseos en reglas a seguir, en leyes universales.

♦♦♦

"Te necesito, ya ves, odio reconocer que necesito tener tu aliento para estar bien... (*Llama por favor*, con Alejandra Guzmán).

♦♦♦

Etiquetación

Aplicar una etiqueta en uno mismo más que referirnos a una acción o evento específico ("soy un fracaso" en lugar que "ahora sí me equivoque").

♦♦♦

Es un tipo de "generalización excesiva". Etiquetamos en función de ciertas conductas, o características a personas, cosas, etcétera.

♦♦♦

"Y soy aunque no quiera esclavo de sus ojos, juguete de su amor" (*Usted*, Moris Zorrilla).

☞ continúa

☞ continuación

Yo creí que eras buena, yo creí que eras sincera, Yo te di mi cariño, resultaste traicionera (*La farsante*, Juan Gabriel).

♦♦♦

"..un cobarde y mentiroso como tú, sin valor, sin dignidad...tú me enamoraste a base de mentiras, qué estúpida que siempre te creí..." (*Mentiras*, Lupita D'Alessio).

♦♦♦

"Bruta, ciega, sordomuda, torpe, traste, testaruda, es todo lo que he sido, por ti me he convertido en una cosa... Ojerosa, flaca, fea, desgreñada, torpe, tonta, necia, desquiciada, completamente descontrolada..." (*Ciega, sordomuda*, Shakira).

♦♦♦

Culpabilidad

La persona mantiene que los demás son los responsables de su sufrimiento, o toma el punto de vista opuesto y se culpa así misma de todos los problemas ajenos.

♦♦♦

Falacia de cambio

"Tú te das cuenta y no me dices nada, ves que se me ha vuelto la cabeza un nido, donde solamente tú tienes asilo, tú me escuchas lo que te digo, mira qué es lo que vas a hacer conmigo" (*Ciega, sordomuda*, Shakira).

♦♦♦

Es pensar que si presionamos a otra persona lo suficiente, ésta cambiará y se adaptará a nosotros.

♦♦♦

"Yo que he dejado todo por seguirte a ti y te he dado mucho más que a nadie di, te he entregado de mi vida lo mejor y hoy me llamas y me dices simplemente adiós" (*Mentiras*, Lupita D'Alessio).

♦♦♦

Casi todos hemos cantado estas canciones y cuando lo hacemos nos gustan. Sólo recuerda que de acuerdo a como pensamos es como nos vamos a sentir, así que si cantas por mucho tiempo o en repetidas ocasiones éstas u otras canciones que te lleven a deprimirte, enojarte o a la nostalgia (entre otras emociones negativas más), lo único que estás haciendo es reforzarlas... te vas a sentir peor. Escúchalas, pero por un tiempo limitado y procura después escuchar canciones que te lleven a una emoción positiva. Te sugerimos algunas:

* *Sobreviviré* (*Yo viviré*), con Celia Cruz
* *La vida es un carnaval*, con Celia Cruz
* *Color esperanza*, con Diego Torres
* *Hoy puede ser un gran día*, con Ana Belén, Víctor Manuel, Joan Manuel Serrat y Miguel Ríos
* *Beautiful Day*, con U2

Te sugerimos un experimento:

- Escucha durante 10 minutos esta canción (una y otra vez) *Si tú no estás aquí* de Rosana y anota antes y después:

  - Cómo te sientes
  - Cómo está tu energía y
  - Mete un micrófono a tu pensamiento para que "escuches" qué te dices.

- Posteriormente, escucha durante otros 10 minutos esta otra canción: *Sobreviviré* (*Yo viviré*) con Celia Cruz (una y otra vez) y vuelve a anotar antes y después:

  - Cómo te sientes
  - Cómo está tu energía y
  - Mete un micrófono a tu pensamiento para que "escuches" qué te dices.

- Compara tus anotaciones

Datos interesantes

Wolfgang Amadeus Mozart (1756-1791) creó 17 operas, 41 sinfonías, 27 conciertos, 17 sonatas, hasta su prematura muerte a los 35 años de edad.

Su existencia prenatal se vio acompañada continuamente por el sonido del violín de su padre que era director de orquesta en Salzburgo.

De igual forma su madre, hija de un músico, también contribuyó a la inteligencia musical de su hijo al proporcionarle un contexto lleno de canciones y de serenatas que incidieron a que Mozart, a los seis años de edad, compusiera su primera obra: *Minueto* y *Trío para teclado*.

Su sonata para piano *Adagio KV 488* comprobó en un estudio científico cambios positivos en la capacidad de razonamiento en tiempo y espacio, así como en la habilidad para formar imágenes mentales. Aunque su efecto demostró durar una hora, te recomendamos escucharla con frecuencia.

Lo que sí y lo que no

Sí es verdad	No es verdad
❀ Nadie tiene el poder de hacerme sentir mal si yo no se lo doy.	❀ "Se te olvida que hasta puedo hacerte mal si me decido" (*La mentira*).
	❀ "Y aunque me duele esta vez tengo que reconocer que necesito tener tu cuerpo para estar bien. Enamorada, perdida, mi mente te necesita" (*Llama por favor*).
	❀ "Usted es la culpable, de todas mis angustias y todos mis quebrantos… …No juegue con mis penas, ni con mis sentimientos Que es lo único que tengo" (*Usted*).

☞ continúa

☞ continuación

❧ A pesar de que las cosas no sean como yo quiero tienen valor.

❧ La vida es para disfrutarse lo más posible, mientras me sea posible. Sin vivirla en el sufrimiento extremo ni en el placer total. Éste no es un valle de lágrimas que entre más sufras más mereces.

❧ Para iniciar una relación amorosa se requieren de dos voluntades; para terminarla sólo de una… me guste o no así es la vida… y es mejor que la acepte para no sufrir innecesariamente, porque la vida es como es.

❧ "Ven, si eres hombre ven a verme y háblame cara a cara, frente a frente dímelo. Un cobarde y mentiroso como tú, sin valor, sin dignidad" (*Mentiras*).

❧ "Amar es sufrir, querer es gozar…el que ama su vida la da… el que ama no puede pensar todo lo da, todo lo da… el que quiere pretende olvidar y nunca llorar, nunca llorar… todos sabemos querer, pero pocos sabemos amar… El amar es el cielo y la luz, el amar es total plenitud… es la gloria y la paz…" (*Amar y querer*, José José).

❧ "Por mi parte te devuelvo mi promesa de adorarte. Ni siquiera sientas pena por dejarme, que ese pacto no es con Dios… Se te olvida que me quieres a pesar de lo que dices, pues llevamos en el alma cicatrices imposibles de borrar" (*La mentira*).

Preguntas:

1. ¿Por qué no utilizamos la misma música para hacer ejercicio o en una fiesta que en un ambiente romántico y de seducción?

▣ El ser humano tiene períodos críticos (o ventanas neuronales). Quiere decir que si no aprendemos ciertas habilidades en ese momento no las vamos a aprender (o no con esa "finura"). Sucede con el lenguaje, la motricidad y la música. La mejor edad para aprender a tocar un instrumento musical es entre los tres y los 10 años. Aunque haya personas que puedan aprender después, no podrán hacerlo de la misma forma que una persona que empieza a edad temprana a tocarlo. Por ejemplo, en África se les enseña a los niños escuchar música, bailarla y tocar un instrumento desde muy pequeños. Esto es, desde la primera semana de nacimiento se introducen a la música y baile con la madre. A los dos años se les enseña a cantar, bailar y tocar instrumentos (en grupo). A los cinco años pueden cantar cientos de canciones, tocar varios instrumentos de percusión y realizar movimientos sofisticados.

2. ¿De qué forma la música oscura (*dark*) puede afectar a los jóvenes y a qué grado?

▣ Como hemos visto, la música influye tanto a nivel cerebral como anímico. Además debemos incluir que los jóvenes suelen unirse a ciertos grupos en búsqueda de aceptación, para encontrar una identidad de grupo, a través de ella. Desafortunadamente muchos chicos lo hacen ante posturas no sanas, como muchos de los grupos de rock que postulan filosofías religiosas, sectarias, racistas, de rebeldía, que promueven el uso de drogas, entre otros; o bien, con artistas como Marilyn Manson que impulsan aspectos como la autodestrucción a través de la perversión sexual.

Todo esto involucra no sólo a la música, sino también la vestimenta, a los peinados, el lenguaje, los adornos (posters). Y la música comienza a volverse la esencia de sus vidas, porque no sólo es la música, sino todo lo que implica (socialmente hablando). Van asociando la aceptación de otros a través de ese tipo de música y terminan "ligados" a ella y a sus ideologías.

Los psicólogos llamamos a esto aprendizaje dependiente del estado. Porque de acuerdo como viva una persona anímicamente una situación es como va a sentirse ante situaciones iguales o similares. Por eso es difícil que se desapeguen de ella, a pesar de que sus padres o personas cercanas traten de persuadirlos.

3. ¿Cómo poder detectar cuándo deja de ser una preferencia musical de cuando puede afectar a un joven?

- ▣ Cuando *interfiere* en sus *actividades* personales: ya sea en la escuela, el trabajo, con su familia o cualquier actividad que favorezca su desarrollo y adaptación al mundo. Ya sea porque le genera *conflictos innecesarios* con terceros o *daña* directa o indirectamente su vida (drogas, actos delictivos, abandono escolar, tendencias sectarias o religiosas, indiscriminación hacia otras personas). Así como cuando no puede "funcionar" en otros contextos que no lleven características asociadas al movimiento musical (indumentaria, estilo de comunicación...). Cuando *abandone* actividades realizadas hasta entonces, sobre todo si son responsabilidades. Evidentemente, cuando se consumen *sustancias psicoactivas* o realizan actividades agresivas con adeptos a ese tipo de música o movimiento musical. Cuando se observa *aislamiento de la familia o amigos* frecuentados hasta entonces.
- ▣ Muchos jóvenes escuchan ese tipo de Música, pero no todos se adhieren a ella y a esos grupos de la misma forma. ¿Qué características tienen los jóvenes que se fanatizan y obsesionan a este tipo de música y artistas?
- ▣ No podemos generalizar, pero muchos de los jóvenes que caen en los patrones anteriores ante un movimiento musical suelen tener ciertas características en común. Cabe decir que si no todos las presentan, sí la mayoría:
  - * Estado de frustración y soledad.
  - * Han vivido disolución de vínculos sociales o familiares (crisis familiares).
  - * Carencia de apoyo afectivo o económico.

* Presentan una característica de fascinación. Éste es el elemento de adhesión a la música, sus líderes y el contexto social que lo envuelve, puesto que elimina la crítica y deseo de rebelarse contra el grupo. Es como un "refugio".

* Puede ser que los padres refieran que "todo" está bien y han estado cerca de ellos, pero recordemos que no son las cosas las que nos agobian, sino la forma como las interpretamos. Pero si ellos lo viven así, van a reaccionar de tal forma, aunque los padres consideren lo contrario.

4. ¿Qué efectos específicos producen los diferentes tipos de música?

Algunos ejemplos:

Tipo de música	Efectos observados
❀ Cantos gregorianos	❀ Utilizan el ritmo de la respiración natural humana. ❀ Crean un sentido de relajación. ❀ Recomendable para estudiar, meditar y reducir estrés.
❀ Ritmos africanos	❀ Tienen una herencia muy expresiva. ❀ Suelen animar e inspirar alegría.
❀ Ritmos latinoamericanos 　▣ Salsa/ merengue/ rumba	❀ Aceleran el corazón. ❀ Aumentan las respiraciones. ❀ Ponen el cuerpo en movimiento.
❀ Samba	❀ Tanto estimula como tranquiliza.

El jarrón da forma al vacío y la música al silencio.
Georges Braque

La música es para el alma lo que la gimnasia para el cuerpo.

PLATÓN

Todo está compuesto aunque no escrito todavía.

MOZART

Ir sin amor por la vida es como ir al combate sin música, como emprender un viaje sin un libro, como ir por el mar sin estrella que nos oriente.

STENDHAL

La música es sinónimo de libertad, de tocar lo que quieras y como quieras, siempre que sea bueno y tenga pasión, que la música sea el alimento del amor.

KURT D. COBAIN

Capítulo 10

Psicología del consumidor

Si no compro no me siento bien

Vivimos en una sociedad de consumo, en la que comprar nos da estatus, pertenencia y en muchos casos, sentido a la vida.

Hay quienes en el momento de comprar sienten un gozo o placer que pareciera ser el último en sus vidas, pero suele ser momentáneo, efímero, porque siempre vuelve a sentirse la imperiosa necesidad por obtener algún objeto (vedado, costoso, prohibido o novedoso). La psicología del consumidor se comenzó a estudiar formalmente desde la década de los años sesenta y fue destinada a evaluar las dimensiones subjetivas que influyen en las conductas de compra.

Conforme la sociedad moderna avanza, el culto al consumo presenta mayor sofisticación. Ahora contamos con un mayor número de opciones para elegir sobre un mismo artículo, no importa su categoría: ropa, electrodomésticos, automóviles, perfumes, maquillaje, artículos deportivos, etcétera. Al introducir tantas opciones es indudable que el comercio favorece al cliente con gustos; sin embargo, al aumentar demasiado las posibilidades de elección también genera problemas alternos en sus clientes, pues la decisión de éstos se vuelve compleja y requieren invertir mucho tiempo y energía, lo cual va acompañado de incertidumbre, angustia y hasta de susto en muchas personas.

Conforme aumenta el número de opciones disponibles, la autonomía, la capacidad de control y la liberación que conlleva esta variedad resultan estimulantes y positivas. Pero con la abundancia de opciones empiezan a surgir aspectos negativos, desde tener que enfrentarse a una multitud de posibilidades, hasta producirnos en muchos casos una sobrecarga. La sobrecarga de opciones tiene un precio, pues el ser humano muy frecuentemente busca tener la mejor opción; pero es difícil saber cuál es cuando existen tantas para elegir. Aferrarse tercamente a todas las opciones disponibles nos lleva a invertir mucho tiempo para elegir una sola y en muchas ocasiones la decisión tomada la evaluamos como incorrecta, lo que nos lleva a sufrir ansiedad, estrés e insatisfacción.

Algunas de las razones de por qué la gente compra tanto, incluso al punto de afectar su economía es por la necesidad de:

- Pertenencia
- Identificación
- Novedad
- Status
- Aceptación
- Imagen de éxito

Y el que los objetos sean vedados, suntuosos, caros o escasos lo estimula más fácilmente.

Podemos categorizar a los compradores en diferentes tipos:

- Racionales. Compran si pueden gastar, pueden posponer el deseo a corto plazo (a largo plazo).
- Emocionales. Si están enojados, compran; si están angustiados o con incertidumbre, compran.
- Fanáticos. De algún deporte, profesión, artículo y gastan miles de pesos por obtener esos objetos.
- Impulsivos y compulsivos. No se pueden detener, el placer a corto plazo, es imperioso obtener algo que desean, les genera placer o creen necesitar y no lo pueden controlar. Muchos de ellos tienen una incapacidad de darse cuenta de las consecuencias que conlleva esta conducta, o bien, si lo ha-

cen tienen una imposibilidad de detenerse a pesar de saber las consecuencias.

¿Realmente somos compradores racionales?

▣ No, al contrario, aunque la persona compre de forma controlada y mesurada, se ha demostrado que cuando tenemos que tomar decisiones en situaciones de incertidumbre somos muy irracionales. En el 2002, el psicólogo Daniel Kahneman –israelí y norteamericano– obtuvo el Premio Nobel de Economía. Kahneman demuestra cómo las personas creyendo aplicar la razón efectúan acomodos mentales engañándose a sí mismos y suprimiendo así la incertidumbre. Los experimentos demuestran además que las respuestas a las decisiones a tomar dependen de cómo sea planteado el problema; lo anterior cambió la visión que los economistas tenían respecto a la forma en que las personas hacen sus juicios y toman sus decisiones. Quedó atrás la visión de las decisiones basadas solamente en el propio interés y en la racionalidad porque quedó comprobado experimentalmente que no siempre nuestras decisiones son racionales y que influye la psicología además de la razón. El que las decisiones no sean racionales no significa que sean azarosas, sino que *obedecen* reglas descifrables que pueden ser *sistematizadas*.

¿Cómo es la psicología del que compra hasta endeudarse y del que ahorra?

Es importante considerar la forma como la persona evalúa cuatro aspectos, porque de acuerdo a como interprete o evalúe cada uno de ellos es como va a terminar reaccionando:

▣ A sí mismo

▣ A los demás

▣ Al dinero mismo

▣ Las consecuencias

Compradores (Deudores)	Ahorradores
✤ Se deja llevar por la atracción de los productos.	✤ Sentido amplio de orden y organización.
✤ Desorden y descontrol con sus finanzas.	✤ Evalúan constantemente el costo-beneficio.
✤ No conocen y no manejan con control su dinero.	✤ Planifican el destino del dinero y de los gastos.
✤ No estiman claramente cuánto dinero tendrán en el futuro (imaginan cuánto, pero no en forma precisa).	✤ Por lo general se informan sobre las consecuencias económicas (intereses).
✤ No hay proyecciones reales al futuro.	✤ Realizan más compras planificadas.
✤ Constante sensación de carencia.	✤ Efectúan menos compras por tentación.
✤ Gastos no planificados. Presentan más compras incitadas por la publicidad.	✤ Hacen diferencia entre las necesidades básicas y sus deseos.
✤ Tienden a comprar a escondidas y si es públicamente es en baratas o se endeudan en bingos.	
✤ Dinero = medio de satisfacción y deseos.	✤ Dinero = valor secundario.

Se han encontrado algunas diferencias generales entre lo que las mujeres y los hombres compran:

Hombres	Mujeres
❁ Mayor eficiencia y conocimiento sobre créditos y cargos ante una compra.	❁ Hacen listas previas a las compras (y compran más de lo que enlistaron).
❁ Preguntan más por las tasas de intereses.	❁ Tienden a ordenar productos por importancia.
❁ Comparan tasas de intereses entre comercios.	❁ Disfrutan y buscan ir con mayor frecuencia de compras.
❁ Compran más:	❁ Compran más:
▣ Autos ▣ Música ▣ Artículos de cómputo ▣ Artículos de deportes	▣ Zapatos ▣ Ropa ▣ Joyas ▣ Perfumes

El dinero es una forma más de controlar y de manifestar afecto. Para ello, cuando la liquidez no lo permite, el uso de la tarjeta de crédito es la salida.

> Es bonito tener dinero y cosas que puede comprar el dinero, pero también es bonito tener las cosas que el dinero no puede comprar.
>
> GEORGE HORACE LORIMER

> El que compra lo superfluo pronto tendrá que vender lo necesario.
>
> BENJAMIN FRANKLIN

> Un corazón es una riqueza que no se vende ni se compra, pero que se regala.
>
> GUSTAVE FLAUBERT

Capítulo 11

¿Por qué tenemos problemas de comunicación?

*Me gusta contemplar a los hombres geniales
y escuchar a las mujeres hermosas*
OSCAR WILDE

Todos hablamos y nos comunicamos, al menos la mayoría de las veces lo intentamos, pero no siempre lo logramos, porque no es lo mismo hablar que comunicar. ¿Te ha pasado que al comunicar una idea la otra persona entendió otra?: "Yo creí que tú sabías…" "Pero yo entendí que tú…"

Nos han enseñado que con el fin de lograr una *buena comunicación* debe existir un *emisor*, un *mensaje* y un *receptor*. Pero ¿sabes?, eso es necesario, aunque no suficiente para comunicarnos. Porque a pesar de que casi todo el tiempo estamos enviando mensajes a quienes nos rodean, no siempre los demás lo decodifican adecuadamente y, es más, a veces ni siquiera transmitimos los mensajes que queremos o como los queremos.

En realidad, nos comunicamos en varios niveles –conscientes e inconscientes– y no sólo empleamos el lenguaje para ello, también usamos nuestros sentidos (olfato, vista, tacto, oído) y otras cualidades del ser humano, como movimientos, gestos, olfato, mirada, cercanía (o lejanía) física, respiración rápida o intensa, si usamos o no algún objeto, como un cigarrillo. Con todas estas propiedades, y algunas más, siempre estamos diciendo algo, no podemos dejar de comunicar, a menos que estemos muertos.

Cuando una mujer quiere conquistar a un hombre que le parece atractivo, ¿qué hace? Intenta comunicarle que ella está disponible y dispuesta para entablar una conversación, conocerse y poder iniciar una relación más personal. ¿Se acerca a él y le dice directamente (con palabras): "Oye, aquí estoy, por favor platiquemos para que nos conozcamos y tengamos algo más"? Claro que *no*. Lo que hace es comenzar a mandarle mensajes a través de una sonrisa, una mirada, un olor agradable (se pone perfume), juega con su cabello de vez en vez y si pudiéramos grabar esas actitudes en una película sin escuchar el audio, confirmaríamos que ella se siente atraída por él.

Cuando una persona se comunica con otra, las palabras tienen poco peso en el mensaje que se están enviando. Parece increíble, pero solamente 3% de lo que comunicamos a otra persona es con palabras, el resto es comunicación no verbal, o sea, 97% de nuestro mensaje.

◙ Analicemos dos posibles respuestas del hombre que la mujer del caso anterior quiere conquistar.

❀ Ella sonríe y lo ve a los ojos, pero sin retarlo, con una mirada que brilla porque tiene las pupilas dilatadas (esto sucede cuando algo nos gusta o nos atrae). Le dice: "¿Me pasas el azúcar, por favor?" y esboza una ligera sonrisa, mirando momentáneamente su café, pero mantiene la sonrisa, y su tono de voz bajo.

❀ 1. Él esboza una sonrisa verdadera o de Duchenne (lee la descripción en la sección de la página 151) y la ve a los ojos, cuando le pide el azúcar le contesta "¡Claro!" y esboza igualmente una sonrisa y se mantiene viéndola, sin evitar la mirada. Cuando ella le comenta algo en voz baja él acerca su cuerpo hacia ella y le dice: "¿Qué dijiste?" y sonríe, sin alejar su cuerpo, para escuchar lo que ella le contesta.

❀ 2. Él esboza una sonrisa vacía (lee la descripción en la sección de la página 151), asiente con la cabeza de forma automatizada (como diciendo sí, sin que nadie haya dicho nada) y voltea a ver a su alrededor. Cuando ella le pide el azúcar, él contesta "Ajá", frunce el ceño y voltea nuevamente a ver a su alrededor. Cuando ella le comenta algo en voz baja, él se mantiene sentado sin moverse ni acercarse. Entonces ella dice: "Mmhhmm… pues sí…"

▣ En ambas respuestas él casi no emplea palabras, pero ¿no te parece que está enviando dos mensajes completamente diferentes? ¿En cuál crees que él está interesado en ella? Evidentemente en el primero. Y si le preguntáramos a él (o a ella) por qué, difícilmente describirían todas las conductas no verbales que acabamos de conocer en este sencillo ejemplo y, muy posiblemente, no se acordarían de sus palabras, pero los dos sabrían qué está pasando. Habrá quienes describan ese intercambio de manera intuitiva o dirían: "Me da la sensación", "lo siento aquí" (señalando el corazón o el estómago), pero en realidad, están percibiendo (intuyendo) el mensaje verbal y, sobre todo, el no verbal.

▣ Como dijimos, no siempre la otra persona decodifica nuestros mensajes adecuadamente. ¿Crees que sería factible que en el segundo ejemplo, ella pueda seguir insistiendo en conquistarlo a pesar de su mensaje? Tristemente, sí sería posible y probable. Muchas personas, hombres y mujeres, podrían seguir insistiendo a pesar de que él (o ella, en un caso contrario) además de hacer lo del segundo ejemplo, no contestara sus llamadas o no asistiera a una cita acordada. Porque *no siempre entendemos o decodificamos el mensaje de la otra persona.* En un caso tal, pese a que sí haya conversación, o dicho bajo términos técnicos, exista un emisor, un mensaje y un receptor, no mantienen una comunicación.

Del diccionario
Comunicación:

❀ Acción y resultado de comunicar o comunicarse.

❀ Escrito breve en que se informa o notifica algún asunto.

❀ Escrito que un autor presenta a un congreso o reunión de especialistas para su conocimiento y discusión.

❀ Unión o conducto que se establece entre ciertas situaciones o lugares.

❀ Trato entre las personas.

❀ Medios gracias a los cuales las personas se comunican o relacionan, como el correo, el teléfono o las carreteras.

❀ Formular o intercambiar pensamientos, opiniones o información de palabra, por escrito o a través de signos.

"El que tiene un martillo todo lo ve como un clavo." Las barreras en la comunicación

Existen diversos tipos de problemas o barreras para una comunicación clara y en concordancia: *1)* personales, *2)* físicas y *3)* semánticas.

Barreras personales

Interfieren con la comunicación porque la persona filtra (decodifica) los mensajes, o los envía, de acuerdo con su forma de pensar, sus valores, su estado emocional y sus malos hábitos.

A veces no vemos lo que pasa a nuestro alrededor, aunque la realidad nos golpee la cara, porque vemos lo que queremos ver, por miedos, expectativas auto-impuestas, por creer que si no sucede lo que esperamos no lo vamos a soportar, porque rígidamente creemos que así tienen que ser las cosas o porque el mensaje viene de alguien a quien no aprecio o estoy en conflicto. Y a pesar de que exista convivencia, una conversación, un negocio, una relación (de pareja, de amistad o de lo que sea) *no existe comunicación* o nunca se establece; no hay una decodificación adecuada del mensaje que nos están enviando o, bien, que nosotros estamos enviando a alguien más.

Al estar tristes, tendemos a interpretar las situaciones de forma negativa o "gris"; al estar enamorados "todo es hermoso"; depende del humor o estado de ánimo que tengamos, será cómo veremos el mundo. Algunas personas interpretan los mensajes dependiendo de quién viene. Por ejemplo, si una persona es racista y un afro-americano opina algo, de entrada lo devalúa y no lo toma en cuenta. Algo que no sucedería si ese mismo (idéntico) comentario lo habría hecho otra persona que no cumpliera con sus criterios racistas. No nos vayamos más lejos: en casa, muchos papás e hijos no mantienen una buena comunicación. Cuando papá o mamá dicen o piden algo a su hijo, éste no responde o pareciera no codificar el mensaje, como si lo ignorara o hablara "otro idioma", algo que no sucedería con los papás de sus amigos, o con alguna otra persona.

Barreras físicas

En general, dichas barreras no tienen que ver con las personas directamente, sino con las circunstancias del ambiente donde se lleva a cabo la comunicación. Por ejemplo, un ruido repentino o muy alto, estar en un lugar muy bullicioso, que haya interferencia en el teléfono, que se corte la conexión electrónica al estar en el *e-mail* o *chat* pueden ser las causas de no lograr comunicarse.

En alguna ocasión un hombre me comentó que cuando él no quería seguir una conversación con alguien empleaba la "técnica de la barba". Esa técnica consistía en dejarse ligeramente crecida la barba de tal modo que al frotar su celular contra ésta producía un ruido similar a cuando hay interferencia en una llamada. Acto seguido decía: "Mi amor, ya no te oigo… ¿qué dices?… No te oigo… voy a colgar porque no sé si tú me escuchas, yo no… bye".[14] De esta forma introducía una barrera física, de forma voluntaria para no establecer o continuar una comunicación.

Barreras semánticas

En este caso se trata de una limitación por el desconocimiento de los símbolos o lenguajes entre el emisor y el receptor, es decir, no hablan el mismo idioma, no conocen la misma codificación (por ejemplo, la clave Morse). Una barrera tal puede ser tan extensa según existan conceptos distintos. Por ejemplo, alguien puede decir: "No hay problema, esto lo hago en tres patadas" y, en realidad, significa que lo va a hacer tan pronto como pueda, mientras que la otra persona entiende que lo va a hacer inmediatamente.

A modo de repaso, exponemos el cuadro siguiente:

Barreras en la comunicación

* Existen tres tipos de barreras generales: personales, físicas y semánticas.
* Barreras personales:
    ▣ El que tiene un martillo, todo lo ve como clavo: por mi estado emocional, mis valores, mis pensamientos, mis miedos, mi forma de pensar veo lo que quiero ver, no lo que sucede en realidad.
* Barreras físicas:
    ▣ Ruidos repentinos o altos, lugares bulliciosos, interferencia en el teléfono o pérdida de conexión electrónica.
* Barreras semánticas:
    ▣ Limitación en conocer los mismos símbolos o lenguajes; también tener diferentes significados para las mismas expresiones.

---

[14] El ejemplo lo explicamos con una mujer, pero funcionaría de igual forma en un varón.

Nuestra propuesta anexa a la definición
Estar de acuerdo:

❀ Una descripción sinequanon de la comunicación que proponemos en este libro incluye la existencia de un acuerdo, porque *sin acuerdo no existe verdadera comunicación.* Como en el segundo ejemplo: el hombre no está interesado en la mujer y envía ese mensaje, pero ella no lo ha decodificado como tal, no está de acuerdo con él y continúa enviándole mensajes de seducción.

❀ Si después de un tiempo, él continúa enviando el mismo mensaje ("No me interesas de la misma forma que yo a ti"), quizá ella, finalmente, lo decodificará adecuadamente (estarán de acuerdo con el mismo mensaje) y podrá comenzar a enviarse mensajes a sí misma, que tal vez sean de devaluación: "Qué tonta soy, cómo no me di cuenta… qué vergüenza, sólo hice el ridículo… no puede ser, soy la más tonta de la vida". Situación que la llevará a sentirse triste además de inadecuada. O, bien, de enojo hacia él: "Sólo se burló de mí… no hizo más que divertirse conmigo y jugar con mis sentimientos… yo le abrí mi corazón y a él no le importó". Esto la llevará a sentirse enojada y frustrada, cuando en toda la situación lo que hubo fue un problema de comunicación.

¿En qué idioma hablo que no me entiendes?

No importa de qué relación estemos hablando, los problemas de comunicación se dan entre padres e hijos, parejas, los negocios, jefes y subalternos, compañeros de trabajo, amigos, los vecinos, en fin, con todo mundo. Y lo peor es que en muchísimas ocasiones buscamos e intentamos lograr una buena comunicación con alguien en particular, pero no siempre la obtenemos. Es más, hay personas que podemos conocer de tiempo (incluso familiares) y nos cuesta mucho trabajo entablar una conversación fluida, ligera y cómoda. También hay personas que, aunque no las conozcamos de antes, pareciera lo contrario, y la comunicación se da sin mayor esfuerzo, de forma sencilla. En otras ocasiones, nos pasa que durante meses e incluso años dejamos de ver a alguien y al reencontrarlo nos parece que no transcurrió tiempo; la comunicación se da automáticamente; nos entendemos, concordamos en lo que decimos y nos dice, y nos sentimos integrados y relajados.

Mantener una mala comunicación con alguien con quien convivimos de forma cercana o diaria genera tensión y estrés en nosotros, así como en el otro.

Todos hemos escuchado que el dolor nos hace crecer, que mediante los errores cometidos crecemos y es completamente cierto; *también crecemos con nuestras relaciones interpersonales*. El ser humano es un ser social, no puede vivir como ermitaño, aislado del resto de las personas. Para vivir integralmente sanos necesitamos interactuar con los demás y enriquecer así nuestra vida psicológica, emocional, espiritual y social. Cuanto mejores sean nuestras relaciones sociales y mejor comunicación mantengamos en éstas, tendremos mejor calidad de vida.

Conservar buenas relaciones en casa, el trabajo, con los amigos y nuestro entorno en general nos ayuda a fortalecer nuestra autoestima, autoconfianza y seguridad. Contar con una persona con la que nos sintamos seguros para platicar nuestros problemas, preocupaciones o dificultades (cuando así lo sintamos necesario), nos desahoga, tranquiliza y enriquece como personas. Nos da la oportunidad de conocer puntos de vista alternos y, asimismo, la otra persona puede dar atención, cariño, consejo, compañía, aliento, etcétera, porque saber dar es tan importante como saber recibir.

Se ha visto que 80% de los problemas en el trabajo se deben a no saber mantener buenas vías de comunicación con los compañeros. La (buena) comunicación es uno de los pilares para mantener relaciones interpersonales sanas. Las relaciones familiares son una de nuestras fuentes de crecimiento personal. A veces creemos que por compartir un domingo, una comida o ir a pasear en familia tenemos buena comunicación, pero puede no ser así.

Algunas personas dicen: "Para que tu matrimonio funcione debes tener buena comunicación con tu pareja", pero es algo que no se da sin esfuerzo y trabajo. Es algo que requiere de práctica, una buena actitud y mucha disponibilidad para tener éxito.

Comunicarnos es una habilidad que debemos fortalecer a golpe de esfuerzo, empeño y práctica; con honestidad, sinceridad, sencillez y claridad, porque no es "algo" que se nos va a dar por el simple hecho de saber hablar. Es importante saber que uno de los principales motivos en los divorcios, conflictos serios con terceros e incluso las guerras es la mala comunicación. Si no es el motivo central, sí es un ingrediente importante y trascendental para que se presenten los problemas.

Si alguna vez has pensado algo como: "Ya para qué le digo, si nunca me entiende", acerca de alguien con quien convives, por favor siéntate un momento y escucha la alarma; observa los focos rojos que se activaron en tu relación. Si falta comunicación en tu relación, ésta no va a prosperar sin tu esfuerzo. Tanta responsabilidad tiene la otra persona como tú, empieza poniendo de tu parte.

Quiero tener una buena comunicación, pero no puedo, aunque lo he intentado

Varios padres de familia se quejan de que dicen algo a su hijo y éste reacciona como si no oyera o, bien, como si le hubieran dicho algo completamente diferente. Por ejemplo, le dicen: "Por favor, cuando regreses de la escuela llámale a tu tía para que venga a recoger este paquete". Cuando mamá llega por la tarde y ve el paquete en el mismo lugar, reclama a su hijo no haber llamado a la tía. El hijo responde: "Nunca me dijiste eso, por eso no lo hice", y no es difícil que inicien una discusión.

La relación empeora porque no existió comunicación y así comienzan los reclamos, las quejas, las críticas, los reproches; uno se vuelve indiferente hacia el otro, lo que genera obstáculos para establecer una nueva (y buena) comunicación. Esto también sucede en la pareja, con los amigos, en los negocios y en la vida en general, no sólo en casa.

Es muy importante que tomes en cuenta lo siguiente: quizá alguien puede decir algo sin honestidad, sin sinceridad o sin que le salga "de corazón"; aunque sus palabras, literalmente, digan lo contrario. Tal vez no sabemos reconocer en detalle el lenguaje no verbal, pero lo sentimos, lo intuimos. Así como cuando alguien te dice algo pero sus palabras no las sientes honestas, de la misma forma si tú intentas comunicar un mensaje que no es congruente o no estás convencido de lo que dices, alguien más intuirá esa inseguridad.

Tipos de códigos en la comunicación

✿ Códigos verbales	✿ Documentos por escrito (papel o vía electrónica: *chat*, e-mail, mensajes de texto por celular).
	✿ Lenguaje de sordomudos.
	✿ Clave Morse.
	✿ Mensajes codificados de ciertos grupos, como la aviación o las fuerzas policíacas.
✿ Códigos no verbales	✿ Gestos, movimientos de las manos, intensidad de la voz, las miradas, etcétera.

(¿Has visto a una persona sordomuda cómo hace gestos de acuerdo con lo que dice con señales? No diría lo mismo sin estas gesticulaciones, ¿o sí?)

Lo *prohibido* en una buena comunicación

¿Quieres garantizar una mala comunicación? ¿Que la otra persona se "atrinchere" y hasta te ataque por defenderse? Estamos seguros de que no lo deseas. Por eso te damos los siguientes puntos que están prohibidos, ya que faltan al respeto a la otra persona, y limitan no sólo la comunicación, sino la convivencia y la confianza.

❀ Leerle el pensamiento al otro

No puedes saber lo que la otra persona está pensando o sintiendo. Si pretendes que sí, en realidad le estás faltando al respeto.

❀ Decirle qué debe hacer

Si no pedimos específicamente un consejo, no nos suele gustar que nos digan qué debemos hacer, mucho menos si reconocemos en qué fallamos.

❀ Juzgar al otro, ni siquiera disfrazándolo de consejos

Al hacerlo le estás diciendo implícitamente a la otra persona que no es capaz; que es poco eficiente. ¿Te gustaría que te mandaran ese mensaje?

❀ Minimizar al otro o lo que dice el otro

En otras palabras, decirle de otra forma que no es importante, que mejor se calle.

❀ "Seguro no me lo habías dicho por miedo."

❀ "No, tu no te sientes mal."

❀ "No te hagas, lo dijiste para molestarme, eso es lo que siempre buscas, hacerme sentir mal."

❀ "Tú tienes qué…"

❀ "Por qué no hiciste…"

❀ "Ya no llores, olvídate de eso."

❀ "Muchos en tu lugar…"

❀ "Si yo fuera tú…"

❀ "¿Y te sientes tranquilo con lo que dijiste?"

❀ "Claro, "la gente" como tú reacciona así."

❀ "Qué tonto, ¿cómo se te ocurre eso?"

❀ "No es para tanto, si tú supieras lo que a mí me sucedió."

❀ "Hay tanta gente en el mundo muriéndose de hambre, ubícate no es para tanto."

Valor es lo que se necesita para levantarse y hablar; pero también lo que se requiere para sentarse y escuchar.

WINSTON CHURCHILL

Hay personas que empiezan a hablar un momento antes de haber pensado.

JEAN DE LA BRUYERE

A los hombres se les puede dividir en dos categorías: los que hablan para decir algo y los que dicen algo por hablar.

PRÍNCIPE CARLOS JOSÉ DE LIGNE

Para saber hablar es preciso saber escuchar

PLUTARCO

Capítulo 12

¿Por qué no sé decir no?

Muy frecuentemente las personas otorgan, consciente o inconscientemente, su poder a otra a tal grado que descuidan sus propias necesidades y su vida se vuelve más y más perturbada. Además, dejan que el comportamiento de otra persona les afecte y se obsesionan con controlar esa conducta, en lugar de darse cuenta de lo que ellas hacen.

La dependencia se vuelve obsesiva al grado que suelen buscar la *aprobación* de los demás (particularmente de ciertas personas importantes para ellas) para obtener *seguridad, autoestima* e *identidad*. Dichas actitudes (muy) frecuentemente derivan en relaciones disfuncionales, incluso patológicas, en las que el maltrato y abuso (físico, verbal, emocional) forma parte implícita de la dinámica.

Cuando alguien nos trata mal o pasa por encima de nuestros derechos, reaccionamos de diferentes maneras. Existen cuatro formas de reaccionar ante la agresión. La cuarta es la combinación de dos. Así, tenemos la opción de reaccionar de forma pasiva, agresiva, asertiva o pasivo-agresiva. De tal suerte, hay quienes se quedan callados y permiten que los pisen (pasividad). Otras personas se enojan y pasan por encima de los derechos de los demás (agresividad). Unas más parece que se quedan calladas, pero son agresivas "por debajo de la mesa" (pasivo-agresivas).

Reaccionar de una u otra forma nos lleva a tener conflictos, muchas veces innecesarios. Nadie nos ha dicho que reaccionemos así, lo fuimos aprendiendo de ver a otros (a los más cercanos) desde que éramos niños. Por eso, cambiarlo implica trabajar en ello de forma activa y consciente para detectar que esa forma (pasiva, agresiva o pasivo-agresiva) no nos favorece; el primer paso es saber que existen otras maneras de reaccionar cuando alguien nos agrede y reconocer cuáles son sus consecuencias. Sobre todo, practicar la reacción más conveniente (la asertiva), en verdad ayuda para que el cambio sea consistente. En la asertividad la persona *no* se queda callada, pero tampoco agrede, sino que pone límites claros y firmes.

Algunas personas se quejan de que siempre abusan de ellas, pero frecuentemente envían un mensaje para ser tratadas mal y entonces se quedan calladas. Otras se sienten "orgullosas" de que los demás les tengan miedo, pero el costo de ese temor es muy alto: están con ellas sólo cuando es necesario, y si no, las evaden.

Los estilos de reaccionar tienden a generalizarse no sólo cuando hay agresión por parte de otra persona, sino también cuando la persona se siente agredida aunque no exista agresión alguna con el fin de:

- Hacer y recibir cumplidos
- Hacer y aceptar críticas
- Resolver conflictos
- Pedir favores
- Hacer peticiones
- Expresar sentimientos positivos y negativos
- Para iniciar, continuar y terminar conversaciones

¿Por qué es negativo tener una *actitud pasiva* ante las agresiones?

* Porque sin desearlo, permitimos a los demás la violación de nuestros propios derechos; porque anulamos la libre expresión de nuestros sentimientos, pensamientos, creencias.

* Las personas con *actitud pasiva* tienden a tener *problemas* específicos consecuentes:

- Tienen dificultad en rehusar una petición: no pueden decir fácilmente "no".
- Dejan que otros abusen de ellos.
- No expresan sus sentimientos, opiniones o creencias.
- Se sienten inseguros al hablar en público o ante extraños.
- Se viven como víctimas.
- Sufren desmotivación y apatía frecuentes.
- No se atreven a reclamar algo legítimo.
- Se sienten frustrados porque tienden a dar más de lo que reciben.
- Realizan actividades que en realidad no desean hacer.
- Generalmente se sienten muy tensionadas o tienen miedo durante el intercambio social.
- Les cuesta mucho trabajo dejar una relación interpersonal nociva.
- Dan más valor a las creencias y convicciones de otros que a las de sí mismas.

❀ Recuerda que de acuerdo como pensamos es como nos sentimos. Las personas con actitud pasiva tienden a hablarse de una forma muy específica, por eso si "metiéramos un micrófono" a la cabeza de esas personas, podríamos escuchar la voz de su "monstruo"; nos enteraríamos de algo como:

- ❀ "Seguro voy a decir algo inapropiado y ridículo, ellos sí dicen cosas inteligentes."
- ❀ "Yo no cuento; tú puedes aprovecharte de mí."
- ❀ "Mis sentimientos no cuentan, solamente los tuyos son importantes."
- ❀ "Mis pensamientos no son importantes, sólo los tuyos son válidos y dignos de ser escuchados."
- ❀ "No soy nadie, tú eres superior."

▣ Todo lo anterior lleva a tener el tipo de consecuencias siguientes:

- ▣ Frustración, insatisfacción y tensión
- ▣ Aislamiento, soledad
- ▣ Incomprensión, menosprecio y rechazo
- ▣ Deterioro de la autoestima, la seguridad y la autoconfianza

¿Te das cuenta de que hay más desventajas que ventajas? Porque quizá alguna ventaja es que el pasivo evita conflictos, ya que tiende a dar la razón a los otros, lo que, además de evitar conflictos, agrada a los demás porque quieren siempre tener la razón y harán su voluntad ante una persona pasiva, aunque… el costo personal es muy alto, ¿no crees?

Las 10 exigencias de infelicidad en una relación
Las personas que no saben decir "no" suelen aceptar todo a ojos cerrados

1. Me harás feliz.	2. No tendrás otros intereses aparte de mí
3. Sabrás lo que quiero y siento *sin* que te lo tenga que decir.	4. Pagarás cada uno de mis sacrificios con un sacrificio igual o mayor.
5. Me protegerás de la ansiedad, del dolor y de la perturbación.	6. Me proporcionarás mi autoestima.
7. Me agradecerás todo lo que hago.	8. No me criticarás, no te enojarás conmigo ni desaprobarás todo lo que hago.
9. Me darás tanto cariño y amor que nunca tendré que tomar riesgos ni ser vulnerable.	10. Me amarás con todo el corazón, alma y mente aunque yo no me ame a mí mismo.

¿Por qué es negativo tener una *actitud agresiva* ante las agresiones?

- Porque lo que la persona pretende es ganar forzando al otro por medio de la humillación, degradación y el desprecio. De esta manera debilita al otro para que pierda la posibilidad de expresarse y defenderse.
- La voz de su "monstruo" o forma como se hablan para reaccionar agresivamente es:
  - "Si quiero algo, debo obtenerlo, aunque a los demás no les parezca."
  - "Mis necesidades son las importantes."
  - "Esto es lo que pienso, tú no cuentas por pensar diferente que yo."
  - "Esto es lo que deseo, lo que tú deseas no es importante."
  - "Esto es lo que siento, tus sentimientos no cuentan."
- Las personas con actitud agresiva tienden a tener conductas específicas:
  - Se muestran rígidos e inflexibles.
  - Tienden a abusar de otros.
  - Suelen ser insensibles ante las necesidades de los demás.
  - Expresan sus sentimientos o deseos de manera hiriente.
  - Actúan a la defensiva.
  - Se enojan con facilidad.
  - Emiten críticas constantes.
  - Siempre quieren tener la razón.
  - Frecuentemente tienen que sentirse superiores a los demás.
  - Necesitan tener el control de las situaciones.
  - Tienden a no reconocer ni aceptar los derechos de los demás.
  - Suelen no reconocer ni aceptar sus propios errores.

* Tienden a sentirse amenazados.
* Constantemente hacen bromas o comentarios para ridiculizar a los demás.
* Las consecuencias que frecuentemente experimentan son:
  * Insatisfacción y tensión
  * Aislamiento y soledad
  * Rechazo y soledad
  * Rechazo social
  * Violencia
  * Culpabilidad
  * Deterioro de las relaciones interpersonales y de su salud física

Si observas, aunque parezca que la pasividad y la agresividad están en dos extremos muy distantes, las consecuencias que conllevan no son nada favorables; estar en uno u otro extremo lleva al rechazo, soledad y, sobre todo, a malas relaciones interpersonales, entre muchas otras consecuencias negativas más. A pesar de ello, quienes se rigen bajo la pasividad, agresividad, o su combinación (la pasividad-agresiva), continúan haciéndolo a pesar de todo lo anterior. ¿Por qué? Por muchas razones; entre las principales: porque no se dan cuenta, no saben que existen otras formas de reaccionar pues lo han hecho desde muy pequeñitos y muy seguramente lo observaron en su hogar. También, porque a pesar de reconocerlo y tener alternativas, no es fácil cambiarlo. Se requiere de atención, motivación y energía para modificarlo, pues hay que practicar, y mucho.

> Mis amigos me dicen que soy muy agresivo, pero me lo dicen a gritos.
>
> JAUME PERICH

La alternativa más viable es la *asertividad*

La asertividad es la capacidad para transmitir hábilmente opiniones, intenciones, posturas, creencias y sentimientos sin generar conflictos innecesarios con otros. Es la habilidad de hacer valer los derechos, expresando lo que uno cree, siente y quiere en forma directa, honesta y de manera apropiada, respetando los derechos de la otra persona. Es actuar de acuerdo con nuestros intereses y defender nuestras opiniones sin sentirnos culpables.

◉ ¿Qué características presentan las personas asertivas?

◉ Se respetan a sí mismas.

◉ Respetan a los demás.

◉ Son directas, honestas y claras.

◉ Son oportunas.

◉ Tienen la habilidad de expresarse con franqueza.

◉ Tienen control emocional.

◉ Saben escuchar.

◉ Son positivas.

❀ Si "metiéramos un micrófono" a su cabeza escucharíamos pensamientos como los siguientes:

❀ "Es tan importante lo que tú sientes como lo que yo siento".

❀ "Somos igualmente dignos, porque ambos somos humanos. Así como tú mereces respeto lo merezco yo, y por eso te digo que no estoy de acuerdo en…"

❀ "Lo que deseo es unir fuerzas, no señalar diferencias".

❀ "Esto es lo que yo pienso y siento, y por eso lo hago valer con respeto".

◙ Las consecuencias que suelen enfrentar son:

◙ Mayor autorrealización.

◙ Satisfacción por elegir generalmente por propia voluntad.

◙ Aceptar errores y aciertos con mayor facilidad.

- 🔳 Asumir, emplear y fortalecer sus recursos.
- 🔳 Ser ambiciosas pero comprensivas.
- 🔳 Ser autoafirmativas.
- 🔳 Expresar su individualidad.
- 🔳 Mucho más confiables en las relaciones interpersonales, y tienden a tener relaciones con otros mucho más sanas.

Consejos asertivos al conocer a alguien	
Lo que sí	Lo que no
❀ Sonreír	❀ Reír exageradamente y bromear.
	❀ Quedarte serio, sin siquiera esbozar una sonrisa ligera.
❀ Ver a los ojos	❀ Evitar la mirada.
	❀ Mantener la mirada fijamente.
❀ Ser discreto con nuestra vida e información personal	❀ Contar confidencias o detalles personales o de otras personas.
❀ Saber escuchar	❀ Hablar sin darle oportunidad al otro.
	❀ Evadir conversaciones.
❀ Confiar y creer en mí mismo	❀ Sentirme menos o superior al otro.

Qué hacer ante una crítica

Con frecuencia tendemos a rechazar, negar, o responder a una crítica con un ataque. Pero existen otras opciones para responder, aquí te presentamos algunas:

Qué hacer	¿Para qué o cómo?
❀ Concentrarme en lo que me están diciendo para comprender *su* punto de vista.	❀ Para detectar la intención del otro.
	❀ Para poder analizar mejor el contenido de la crítica.
	❀ Para no reaccionar impulsivamente.

☞ continúa

☞ continuación

✿ No interrumpir, esperar a que termine lo que quiere (o necesita) decir la otra persona.

✿ Cuando ya haya terminado:
- ◙ Respirar antes de contestar.
- ◙ Para organizar *mi* respuesta.
- ◙ Responderle

✿ Si estás de acuerdo con lo que la otra persona dijo:
- ◙ Reconócelo *sin* exageraciones.
- ◙ Ofrece disculpas *sin* justificaciones.
- ◙ Puedo decir qué pienso cambiar, pero si *no* puedo, no decirlo.

✿ En caso de que no estés de acuerdo con la crítica:
- ◙ No te justifiques, bajo ninguna circunstancia.
- ◙ No ataques para cambiar su punto de vista.
- ◙ Recuerda que aunque no te guste, los demás tienen el derecho y libertad de no estar de acuerdo contigo.

✿ Si la otra persona insiste:
- ◙ No quedarte callado ni reaccionar agresivamente… necesitas practicar en ello para poder hacerlo cada vez mejor y más fácil.

✿ Si continúa la agresión:
- ◙ Recuerda que tienes el derecho a no estar con quien te agrede.

✿ Sé concreto al responder.

✿ Escuchar y guardar tanto *su* información como la *mía*.

✿ Para dar un punto de vista más objetivo

✿ No ser impulsivo (aunque se me antoje, no me conviene hacerlo).

✿ "Creo que tienes razón en todo cuanto dices..."

✿ "Siento lo que ha pasado y que te haya molestado..."

✿ "Veo que es mejor que ya no continúe haciendo esto; ahora sé cuánto te incomoda…"

✿ "Pues eso es lo que tú crees, respeto tu punto de vista, pero en realidad lo hice porque…"

✿ "Respeto tu punto de vista, pero no coincido. Así como te respeto, te pido no me insistas con esto, prefiero no hablar más al respecto."

✿ "Discúlpame que me levante y me salga, pero no me gusta tu forma de hablarme…"

✿ Que tu lenguaje no verbal sea congruente con lo que dices.

✿ Si estás pidiendo disculpas no hagas gestos de hartazgo o intolerancia, por ejemplo.

A veces tomamos como responsabilidad lo que no nos corresponde y olvidamos nuestros derechos...

No es tu responsabilidad	Nuestros derechos
❀ Dar lo que realmente *no* quieres dar.	❀ A ser tratado con respeto.
❀ Desgastar tus fuerzas por los demás.	❀ A decir "no" sin sentir culpa.
❀ Permanecer en una relación injusta.	❀ A tomar tiempo para uno mismo.
❀ Aguantar situaciones desagradables.	❀ A cambiar de opinión.
❀ Tolerar un comportamiento inapropiado de alguien.	❀ A pedir lo que quieres (y lo que no quieres).
❀ Someterte a condiciones abrumadoras.	❀ A cometer errores.
❀ Pedir perdón por ser *tú*.	❀ A pedir información.

A modo de repaso te recordamos la definición siguiente:

La palabra *asertividad* se deriva del latín *asserere, assertum* que significa afirmar, y suele utilizarse como la afirmación de la propia personalidad, confianza en uno mismo, autoestima, así como para una comunicación segura y eficiente.

Los derechos asertivos

❀ Algunas veces tienes el derecho a ser el primero.
❀ Tienes derecho a cometer errores.
❀ Tienes derecho a tener tus propias opiniones y creencias.
❀ Tienes derecho a cambiar de idea, opinión o actuación.
❀ Tienes derecho a expresar una crítica y a protestar por un trato injusto.
❀ Tienes derecho a pedir una aclaración.
❀ Tienes derecho a intentar cambiar lo que no te satisface.

❀ Tienes derecho a pedir ayuda o apoyo emocional.

❀ Tienes derecho a sentir y expresar dolor.

❀ Tienes derecho a ignorar los consejos de los demás.

❀ Tienes derecho a recibir el reconocimiento por un trabajo bien hecho.

❀ Tienes derecho a negarte a una petición, a decir "no".

❀ Tienes derecho a estar solo, aún cuando los demás deseen tu compañía.

❀ Tienes derecho a no justificarte ante los demás.

❀ Tienes derecho a no responsabilizarte por los problemas de los demás.

❀ Tienes derecho a no anticiparte a los deseos y necesidades de los demás y a no tener que intuirlos.

❀ Tienes derecho a responder, o a no hacerlo.

❀ Tienes derecho a ser tratado con dignidad.

❀ Tienes derecho a satisfacer tus necesidades y que sean tan importantes como las de los demás.

❀ Tienes derecho a experimentar y expresar tus propios sentimientos, así como a ser tu único juez.

❀ Tienes derecho a detenerte y pensar antes de actuar.

❀ Tienes derecho a pedir lo que quieres.

❀ Tienes derecho a hacer menos de lo que eres capaz de hacer.

❀ Tienes derecho a decidir qué hacer con tu cuerpo, tiempo y propiedad.

❀ Tienes derecho a rechazar peticiones sin sentirte culpable o egoísta.

❀ Tienes derecho a hacer cualquier cosa, mientras no vulnere los derechos de otra persona.

También hay quienes muestran características de codependencia, porque piensan que está mal anteponer sus necesidades a las de los otros; que eso es sinónimo de ser egoísta, sin percatarse de que lo que hacen es considerarse menos importantes y valiosos que cualquier otra persona.

Es normal y deseable preocuparnos por el bienestar de otras personas y ayudarles cuando está en nuestra mano. La clave está en los motivos por los que damos ese tipo de asistencia. Las personas codependientes quieren algo a cambio: intentan conseguir el amor y aceptación que necesitan de otras personas. No es un acto de amor, sino de dependencia.

Por supuesto, no hay nada malo en hacer un pequeño sacrificio de vez en cuando, pero hagámoslo por ser sinceros y no por miedo a perder el amor de esa persona o sentirnos rechazados o ser considerados malas personas. Negarse a hacer algo que no se desea es un derecho que la persona codependiente tiene que aprender a ejercer más que nadie.

Solamente los niños merecen y necesitan un amor incondicional; en los adultos siempre traerá problemas en las dinámicas interpersonales.

Cuando nos sentimos orgullosos de nosotros mismos, somos felices y nuestra autoestima aumenta, y cuando los demás nos desprecian nos sentimos desgraciados, en consecuencia nuestra autoestima disminuye. De tal modo dejamos que nos utilicen y haremos lo que no queremos por miedo a decir que no, aceptando, por ejemplo, relaciones sexuales cuando en realidad no las deseábamos, así como el abuso y los malos tratos que conllevan, porque: "En el fondo, me quiere".

Algunas de las características que presentan las personas codependientes son:

* Baja autoestima:
  * No se ven como personas que valen ni sienten amor hacia sí mismas.
  * Se sienten heridas fácilmente.
  * Se sienten incómodas cuando les hacen cumplidos.
  * Se juzgan a sí mismas con severidad.

▣ En numerosas ocasiones se sienten solas y vacías porque dan más de lo que reciben.

▣ Frecuentemente se comparan con los demás.

Necesidad de control:

▣ Tienen dificultad para expresar ciertos tipos de sentimientos (frustración, enojo, miedo).

▣ Les cuesta trabajo reconocer sus errores.

▣ No se dejan conocer fácilmente, a pesar de que tienden a ser personas cálidas.

▣ Tienen miedo a perder el control.

▣ Su autoestima aumenta cuando ayudan a otros a resolver sus problemas.

▣ Se sienten inadecuadas cuando otros no siguen sus consejos o no les permiten ayudarles.

Necesidad de complacer a los demás:

❀ Comprometen sus propios valores e integridad por complacer a otros.

❀ No saben decir "no" y si lo hacen se sienten culpables.

❀ Emplean mucho tiempo fingiendo que todo va bien.

❀ Piensan que lo que desean para sí mismas es egoísta.

❀ Anteponen las necesidades de los demás a las propias.

❀ No le dicen a los demás que están molestas, y si lo hacen es porque han tolerado mucho y "explotan".

❀ No expresan sus verdaderos sentimientos porque les preocupa la reacción de los demás y su rechazo.

Sus relaciones interpersonales:

▣ Creen en el amor a primera vista.

▣ Les cuesta trabajo sentirse bien consigo mismas cuando su relación de pareja no va bien.

▣ Tienden a sentirse incompletas sin pareja.

▣ Tienen un enorme miedo al abandono o al rechazo.

▣ Cuando terminan una relación de pareja sufren devastadoramente.

▣ Se sienten responsables por los sentimientos de los otros.

▣ Necesitan proteger a otros y sentirse necesitadas.

Sin embargo, también existen las personas *contradependientes*, que temen a la intimidad porque sus barreras son tan débiles, que creen estar en manos de su pareja si se enamoran; creen que van a sufrir de nuevo, como ha sucedido en el pasado y se alejan del amor y de los demás. Afirman no necesitar a nadie, no necesitar amor, y se encierran en su soledad. Tal vez están rodeados de otras personas, pero sin dejar que se acerquen lo suficiente como para llegar a algo más íntimo (emocionalmente hablando). Perciben la cercanía de los demás como amenazadora: "Me harán daño como siempre y ya no quiero volver a sufrir".

Para finalizar, queremos hacerte algunas preguntas para tu reflexión:

- ¿Tratas de demostrar que eres digno de ser amado?
- ¿Te cuesta trabajo poner límites a los demás?
- ¿Tienes relaciones sexuales cuando no lo deseas, cuando preferirías ser abrazada o cuidada?
- ¿Sueles estar esforzándote por los demás y te vives como si lo tuyo no importara?
- ¿Eres controlador(a)?
- ¿Te atemorizas de ser como eres?
- ¿Te sientes ansioso por los problemas o conducta de los demás?
- ¿Te mantienes en relaciones autodestructivas? Lo sabes, pero ¿no puedes salir de ella?
- ¿Tiendes a vigilar a los demás para sorprenderlos en algo inadecuado?

- ¿Crees que tu deber es preocuparte por los problemas de los demás?

> Todos los hombres tienen iguales derechos a la libertad, a su prosperidad y a la protección de las leyes.
>
> VOLTAIRE

> La libertad supone responsabilidad. Por eso la mayor parte de los hombres la temen tanto.
>
> GEORGE BERNARD SHAW

> Siempre es más valioso tener el respeto que la admiración de las personas.
>
> JEAN JACQUES ROUSSEAU

204 ♦ ¿POR QUÉ NO SÉ DECIR NO?

Lecturas recomendadas

Baer, L., *Autocontrol y bienestar: un método eficaz para liberarse de las obsesiones*, Editorial Paidós, México, 1991.

Beck, A. T., *Prisioneros de odio*, Editorial Paidós, México, 2003.

Branden, N., *Los seis pilares de la autoestima*, Editorial Paidós, México, 1994.

Burns, D., *Sentirse bien*, Editorial Paidós, España, 1990.

Ellis, A., *Controle su ira antes que ella le controle a usted*, Editorial Paidós, España, 1999.

Foa, E. B. y R. Wilson, *Venza sus obsesiones*, Editorial Robin Book, España, 1991.

Greenberger, D. y C. Padesky, *El control de tu estado de ánimo*, Editorial Paidós, España, 1998.

Luengo, D., *Vencer la ansiedad: una guía práctica para pacientes y terapeutas*, Editorial Paidós, España, 2003.

McKay, M., M. Davis y P. Fanning, *Técnicas cognitivas para el tratamiento del estrés*, Editorial Planeta, España, 1985.

McKay, M., J. McKay y P. Pogers, *Venza su ira: controle su comportamiento agresivo*, Editorial Robin Book, España, 1993.

Peurifoy, R. Z., *Venza sus temores: ansiedad, fobias y pánico*, Editorial Robin Book, España, 1993.

Power, T., *Vivir sin estrés: soluciones prácticas para una mejor calidad de vida*, Ediciones B Grupo Zeta, España, 1997.

Smith, J. C., *Entrenamiento cognitivo-conductual para la relajación*, Desclée de Brouwer, España, 1992.

Acerca de la autora

Liz Basañez es egresada, con mención honorífica, de la Licenciatura en Psicología de la Universidad Anáhuac. Cursó la Maestría en Psicología Clínica, área Cognitivo-Conductual en la UNAM (título en curso). Ha asistido a diversos cursos, entre los que está una Actualización Intensiva de Terapia Cognitiva en los Trastornos por Ansiedad en Saint Louis Behavioral Medicine Institute en San Luis Missouri, Estados Unidos. Es directora general del Primer Centro Especializado en México para el Tratamiento Integral de los Trastornos por Ansiedad y Depresión: INTEGRA. Participa en diversos programas de radio y televisión como experta invitada.

Su página web es: www.inteligenciagradual.com

Esta obra se terminó de imprimir
en octubre de 2008, en los Talleres de

IREMA, S.A. de C.V.
Oculistas No. 43, Col. Sifón
09400, Iztapalapa, D.F.